JOHN ARMSTRONG es filósofo residente en la Escuela de Negocios de Melbourne y asesor jefe del rector de la Universidad de Melbourne. Nacido en Glasgow y educado en Oxford y Londres, vive en Australia desde 2001. Es autor de varios libros internacionalmente aclamados sobre arte, estética y filosofía, incluyendo *In Search of Civilization* (Penguin, 2010), *Conditions of Love: The Philosophy of Intimacy* (Penguin), *Love, Life, Goethe: How to Be Happy in an Imperfect World* (Penguin, 2007) y *The Secret Power of Beauty* (Penguin, 2005).

THE SCHOOL OF LIFE se dedica a plantear los grandes interrogantes de la vida: «¿Cómo desarrollar nuestro potencial?; ¿Puede nuestro trabajo ser inspirador?; ¿Por qué importa la comunidad?; ¿Pueden las relaciones durar para siempre?» No tenemos todas las respuestas, pero te propondremos una variedad de ideas útiles —de la filosofía a la literatura, de la psicología a las artes visuales— que te resultarán estimulantes, provocadoras, sugerentes y consoladoras.

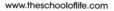

Cómo Preocuparse Menos por el Dinero
John Armstrong

Barcelona • Madrid • Bogotá • Buenos Aires • Caracas • México D.F. • Miami • Montevideo • Santiago de Chile

Título original: *How to Worry Less about Money*
Traducción: Daniel Hernández
1.ª edición: junio 2012

© The School of Life 2012
   www.panmacmillan.com

El derecho de John Armstrong a ser reconocido como autor
de esta obra ha sido declarado por él de acuerdo con la
Ley de Derechos de Autor, Diseño y Patentes de 1988.
Los agradecimientos de las imágenes de la página 183
constituyen una extensión de esta página de créditos.

Se ha intentado por todos los medios contactar con los poseedores
de derechos de autor del material reproducido en este libro. Si alguno
ha sido pasado por alto de forma inadvertida, el editor estará encantado
de hacer la restitución lo antes posible.

Se han ficcionalizado los estudios de casos, salvo en aquellos
en los cuales el autor es el sujeto, y se han cambiado los nombres
para proteger las identidades de las personas implicadas.

Diseño de cubierta: Marcia Mihotich
Diseño de interior: seagulls.net

© Ediciones B, S. A., 2012
   Consell de Cent, 425-427 - 08009 Barcelona (España)
   www.edicionesb.com

Printed in Spain
ISBN: 978-84-666-4789-2
Depósito legal: B. 15.260-2012

Impreso por EGEDSA

Índice

I. Introducción: Diferencia entre preocupación y problema

Este libro trata de preocupaciones, no de problemas económicos. Existe una diferencia crucial entre ambas cosas.

Los problemas son urgentes. Exigen una acción directa. «No veo cómo podré pagar el seguro del coche.» «Nunca llego a saldar la deuda de la tarjeta de crédito: es un lastre constante.» «Ojalá pudiera enviar a mi hijo de catorce años a un colegio privado, porque donde está ahora le cuesta mucho avanzar. Pero no puedo permitírmelo.»

Los problemas económicos de este tipo solo se resuelven de dos maneras: o consigues más dinero —ajustando las deudas, ganando más o reduciendo costes—, o prescindes de otros gastos.

Por el contrario, las preocupaciones con frecuencia dicen más acerca de quien se preocupa que acerca del mundo. En general están más relacionadas con los pensamientos del sujeto que con su cuenta bancaria, y abarcan un amplio espacio de tiempo: «Me preocupo porque hace quince años tomé una decisión financiera que resultó nefasta.» «Me preocupa que mis hijos, cuando sean adultos, no tengan dinero suficiente.» Las preocupaciones están conectadas con la imaginación y las emociones, no solo con lo que está ocurriendo aquí y ahora.

Por tanto, la forma de afrontar las *preocupaciones* económicas debería involucrar estrategias muy distintas a tratar con *problemas* económicos. Para hacer frente a nuestras preocupaciones tenemos que prestar atención al patrón de pensamiento (ideología) y al esquema de valores (cultura), pues a lo largo de nuestra existencia privada e individual desplegamos tanto el uno como el otro.

Generalmente, los consejos sobre dinero se centran en la pregunta «¿Cómo puedo obtener más dinero?» y ofrecen sugerencias e instrucciones para aumentar la fortuna de una persona: desarrollar una cartera de activos, conseguir un empleo mejor pagado, casarse con una persona rica. El consejo en cuestión da por supuesto que nosotros ya sabemos cuánto necesitamos («¡Más! ¡Más!») y por qué («¿Estás loco?»). Sin embargo, lo ideal sería que la pregunta «¿Cómo puedo obtener más dinero?» se formulase únicamente después de haber abordado la cuestión de qué suma necesito y para qué fin.

Por otro lado, los consejos financieros preguntan: «¿Cómo puedes salir adelante con menos?» De hecho, existen muchas estrategias para ahorrar dinero: deshacerse de la tarjeta de crédito, comprometerse a anotar todos los gastos, bajar la calefacción y ponerse un jersey en casa, utilizar los cupones especiales de descuento. Obviamente, esas podrían ser estrategias muy útiles, si partimos de la base de que te has marcado las metas correctas y te has planteado alcanzarlas reduciendo los gastos. Pero estas estrategias no responden a la pregunta fundamental: «¿Para qué necesito exactamente el dinero?» O, para expresarlo de otro modo: «¿En qué punto el dinero conduce a la buena vida?»

En otras palabras, nuestra gama de consejos se concentra en *problemas* económicos, no en *preocupaciones* económicas. Esto entraña un conflicto, porque el tema del dinero constituye una obsesión en el día a día. La relación con el dinero dura toda la vida, impregna toda nuestra personalidad, determina nuestra actitud hacia los demás, conecta y separa generaciones; el dinero es el terreno de juego donde se desarrollan la ambición y la generosidad, en el que se ejercita la sabiduría y se comete el disparate. Libertad, deseo, poder, estatus, trabajo, posesión: estas enormes ideas que gobiernan nuestra vida guardan, casi siempre, una estrecha relación con el dinero.

En pedagogía se establece una gran distinción entre el entrenamiento y la educación. Mediante el entrenamiento se proporcionan estrategias y habilidades que permiten realizar una tarea específica de una manera eficiente y con confianza. La educación, por su parte, abre y enriquece la mente. Si el objetivo es entrenar a alguien, no es preciso saber nada acerca de quién es realmente, o qué le gusta, o por qué. La educación, en cambio, abarca todas las facetas de la persona. Históricamente, hemos entendido el dinero como un objeto de entrenamiento, en lugar de un objeto de educación en su sentido más amplio y solemne.

Sin embargo, en última instancia la relación con el dinero se desarrolla en el marco de nuestras ideas más amplias y menos explícitas: ideas sobre la condición humana, «el significado de la vida, el universo y todo lo demás», motivo por el cual puede verse apoyada u obstaculizada por pensamientos que en apariencia poco tienen que ver con la cuestión monetaria.

De hecho, Karl Marx afirmó que el dinero forma parte de un sistema profundamente injusto. Daña tanto a quienes tienen éxito como a quienes están pasando una mala época. La huida podría ser posible, pero solo por medio del rechazo al sistema en su totalidad, saliéndonos de la cinta transportadora por medio de la revolución. El dinero, así concebido, parece una imposición ajena en nuestro mundo.

Los defensores del libre mercado de la Escuela de Chicago, por otro lado, argumentaron que el dinero es esencialmente un vehículo neutral, mediante el cual la gente interactúa de un modo racional para maximizar su propia utilidad. Concebido así, el dinero es inofensivo. Cualquier fracaso que se atribuya al dinero es en realidad el producto de fallos de racionalidad. La vida económica de una persona es una creación libre.

En ambos casos se trata de modelos intelectuales de gran alcance, y seguramente poca gente va por ahí con unos conceptos del dinero tan precisos y elaborados en su cabeza. Pero sí vamos por ahí con cierto tipo de concepto: uno más vago, más poético, más aburrido, de la forma que sea; sin embargo, nuestra forma de interactuar con el dinero está impregnada de nuestra visión de la vida y del mundo. La cuestión no radica en estar inmediatamente en desacuerdo o no con Marx o con los teóricos del libre mercado. Más bien sus puntos de vista pueden ser acicates para una tarea más personal: ¿realmente, cuál es mi (o tu) teoría acerca del dinero? Y esta pregunta apunta a uno de los máximos objetivos de este libro: ayudarnos a definir nuestra propia perspectiva del dinero y su papel en la vida.

II. Pensar en el dinero

1. ¿En qué consisten realmente las preocupaciones económicas?

Las preocupaciones económicas tienden a dividirse en cuatro grandes grupos.

1. *Sin dinero, mi vida va a ser una constante de dolor y angustia.* Me sentiré humillado porque no tendré recursos suficientes para protegerme. Tendré un estatus bajo.

2. *Estaré obligado a dedicar buena parte de mi tiempo solo a conseguir suficiente dinero para salir adelante.* Esto no representa un desastre en sí mismo, pero implica que disfrutaré de menos satisfacción, podré dedicar menos atención a algo que merezca la pena y conseguiré menos autorrealización de lo que me gustaría. Tendré que dedicar una gran parte de mi vida a pensar en pagar deudas y tarjetas de crédito en lugar de preocuparme por asuntos de mayor relevancia. Es más, el dinero es extremadamente voluble. Si ahorro, puede desaparecer por un cambio en los mercados.

3. *Me perderé todas las cosas buenas que deseo.* Nunca viviré en una casa estupenda, ni tendré un coche elegante, ni podré permitirme unas vacaciones fabulosas, ni sentiré la confortable calidez y el desahogo que —en mi opinión— proporciona la total seguridad financiera. Y esto hace que esté enfadado conmigo mismo y con el mundo entero. Me preocupa fracasar en la vida como consecuencia de mi incapacidad para tener una buena relación con el dinero.

4. *El dinero es como un virus.* La gente hace casi cualquier cosa por dinero. El dinero parece operar con una lógica que es indiferente al mérito o al sufrimiento, o a la justicia. Hay una especie de destino que, sin ningún motivo, determina que una persona se arrastre y tenga que mendigar mientras que otra examina balances de cuentas con cifras enormes que le envían sus corredores de Bolsa. El sistema se antoja tan grande que no hay nada que hacer al respecto.

Si queremos hacer algo en relación con nuestras preocupaciones, necesitamos comprenderlas antes de intentar responder a ellas de manera inmediata. ¿De dónde proceden nuestras preocupaciones? ¿Qué subyace tras ellas? ¿Qué es lo que nos preocupa realmente? Para progresar en la vida lo primero es convertir las ansiedades en preguntas concretas. Suponiendo, claro, que se trata de las preguntas correctas.

Las *preocupaciones* económicas se producen porque no podemos ofrecer respuestas lo bastante precisas a las preguntas subyacentes:

1. ¿Para qué necesito dinero? Es decir, ¿qué es importante para mí?
2. ¿Cuánto dinero necesito para hacer eso?
3. ¿Cuál es el mejor modo de conseguir esa cantidad de dinero?
4. ¿Cuáles son mis responsabilidades económicas con otras personas?

Estas preguntas enlazan directamente con las preocupaciones con las que habíamos comenzado. Las preguntas son muy serias, pero tienen respuestas reales.

Nuestra tendencia natural es ir pasando de una preocupación a otra; cambiamos el tema de esa preocupación, por así decir, pero no llegamos a ninguna parte:

Un hábito de pensamiento más deseable es aquel en el que las preocupaciones permanecen en nuestra mente, de modo que podemos transformarlas en genuinos interrogantes:

PREOCUPACIONES ➡ PREGUNTAS ➡ RESPUESTAS

Esta puntualización puede sonar algo pedante, pero es un principio de crucial importancia. Nunca haremos ningún progreso al enfrentarnos a nuestras preocupaciones económicas si no reconocemos que provienen de toda una serie de cuestiones subyacentes. Y estas cuestiones están relacionadas con nuestros propios valores, nuestro modo de vida y nuestra forma de entender la existencia. Nuestras preocupaciones, en cuestiones monetarias, tienen que ver tanto con la psicología como con la economía, con el alma tanto como con la cuenta bancaria.

Así pues, la primera tarea consiste en conocer nuestras preocupaciones y seguir su rastro hasta llegar a la cuestión subyacente. Es muy posible que, en un primer análisis, las preocupaciones resulten un tanto confusas. Con frecuencia resulta difícil determinar cuál es el auténtico motivo de una preocupación, lo cual no significa que la angustia no tenga razón de ser. Se trata simplemente de que no resulta muy claro cuál es la causa.

De hecho, muy a menudo, cuando miro mi coche experimento una sensación de ansiedad. Lo tengo desde hace diez años y en ese tiempo ha ido acumulando un buen número de arañazos y abolladuras de poca importancia. Emite un chirrido extraño, los limpiaparabrisas tiemblan al ponerse en funcionamiento, el plástico que protegía la parte inferior del volante se cayó hace algún tiempo. El interior nunca parece estar completamente limpio. En un lateral tiene un golpe que le hice yo mismo sin querer al dar marcha atrás en un párking. Pese a todo, funciona y es fiable. Y no puedo permitirme cambiarlo por otro.

Pero una parte de mi cerebro me dice que este no es el coche que yo debería tener. Me imagino un vehículo más interesante, o más bonito, o simplemente de una gama superior. Cuando aparco en el club de tenis, me siento aliviado si hay otros coches modestos alrededor y (me avergüenza decirlo, pero es cierto) me fastidia ver otros vehículos más elegantes. Lo que me provoca ansiedad es la idea de que estoy atascado, de que

Cuando miro mi coche, me preocupo por el dinero. Pero ¿cuál es el origen de esa ansiedad?

nunca conseguiré algo mejor: nunca podré permitirme ser feliz con mi coche.

Resulta que esta preocupación en realidad no tiene que ver con el coche en sí. Más bien está relacionada con la imaginación y con las relaciones sociales. Entonces, ¿qué me preocupa exactamente? Al reflexionar sobre ello, surge la idea de que estoy preocupado por no saber cuidar adecuadamente de mis pertenencias. Si hubiera tenido el cuidado adecuado con mi coche, aún estaría en buenas condiciones. Y entonces no me preocuparía el hecho de que tuviese diez años ni que fuese de gama media. Cuando miro el coche, lo que estoy viendo (ahora lo comprendo) es la consecuencia de una especie de pereza: retrasar siempre los pequeños arreglos, no limpiar nunca el asiento trasero, etc. Lo que me preocupa es mi carácter. Y aunque comprara un coche nuevo (lo que supondría un verdadero gasto) es evidente que no lo cuidaría mejor. De hecho, creo que el atractivo de un coche nuevo en realidad tiene que ver con comenzar de cero: la próxima vez, me digo a mí mismo en secreto, cuidaré bien de mi vehículo. Pero eso es engañarme. No lo hice en el pasado. ¿Por qué habría de ser distinto en el futuro?

El hecho de que el «objeto» de la preocupación no sea nada claro es realmente importante. Esto significa, como ya he mencionado, que la primera tarea consiste en pensar, en lugar de buscar a toda prisa una solución.

Tomemos otro ejemplo: en mi caso, experimento una sensación de ansiedad en relación con un hotel concreto de Venecia. Cuando pienso en ese hotel (extremadamente elegante, encantador y desmesuradamente caro), me siento frustrado y deprimido. Contemplo, disgustado, el exiguo saldo de mi cuenta corriente. Nunca podré alojarme en ese hotel. Por supuesto, existen millones de cosas que no puedo permitirme, millones de hoteles caros. ¿A qué viene, entonces, preocuparme por este hotel en concreto?

Pensando en ello, me doy cuenta (por vez primera) de que asocio ese hotel con personajes históricos a los que admiro. Pienso en John Ruskin, que se alojó allí. Estoy bastante seguro de que el escritor Cyril Connolly también lo hizo, y el historiador Kenneth Clark. Para mí, ese hotel significa: tú puedes ser como ellos. Sin embargo, a la luz del día la idea se antoja absurda. El mero hecho de alojarme allí no haría que me pareciese a ellos en ningún aspecto importante. Esto sugiere que la preocupación no es, en el fondo, económica. En última instancia, apunta a que, si me comparo con esos hombres a los que admiro, estoy descentrado y me falta valor. Estas son cuestiones que merece la pena afrontar. El hotel de lujo no es la respuesta.

Otra preocupación económica es la de que mis hijos no ganen dinero suficiente cuando sean adultos. Intento ingeniar maneras de ahorrar en el presente para que ellos tengan una seguridad el día de mañana. Si cada semana aparto una pequeña cantidad, ¿qué cifra obtendré, sumándole los intereses, en un plazo de cincuenta años? (Un plazo de tiempo demasiado lejano para ser útil, reconozcámoslo.) En este caso la verdadera preocupación, pienso ahora, está relacionada con la independencia de mis hijos y con el carácter radicalmente indefinido del futuro. Quizás ellos no concedan importancia a lo que a mí me parece relevante. Se trata más bien del hecho de que no puedo imaginármelos convertidos en personas maduras. ¿Cómo podría la niña pequeña que juega con la arena del parque ganar un sueldo medio? La preocupación, por tanto, es existencial: mis hijos crecerán, se convertirán en los propios árbitros de su vida, se separarán de mí.

A menudo desconocemos cuál es el problema para el que necesitamos una solución. Es evidente que las preocupaciones que acabo de exponer solo están en parte relacionadas con el dinero. También son preocupaciones que tienen que ver con la aceptación social, con el bienestar de mis hijos, con mis anhelos secretos de satisfacción y éxito, y con la coherencia de mi vida. Pero, por supuesto, estos son puntos de partida muy vagos. Existe la tentación de decir que, como son poco precisos, podemos olvidarnos de ellos. En realidad, precisamente por ser tan vagos requieren que les prestemos una atención especial y que los aclaremos.

2. Una buena relación con el dinero

Lo que caracteriza una buena relación es esto: resulta más fácil asignar correctamente las responsabilidades. Cuando algo va mal, sabes reconocer qué parte de la culpa es tuya y qué parte se debe a los demás. Y lo mismo ocurre cuando las cosas van bien. Sabes que parte del mérito es tuyo, pero que otra parte corresponde a tu compañero.

Este modelo también es aplicable al dinero. Cuando las cosas van bien o mal se debe en parte a lo que tú aportas a esa situación y en parte al factor económico. Lo que el dinero aporta es un cierto nivel de poder adquisitivo. Lo que tú aportas es imaginación, valores, emociones, actitudes, ambiciones, miedos y recuerdos. Por lo tanto, la relación en absoluto consiste únicamente en hechos puramente económicos como cuánto ganas y cuánto gastas.

Este modelo de relación sugiere que centrar la cuestión en la cantidad, o en cuánto dinero posees, muy a menudo no provocará, por sí solo, el cambio que estamos buscando. Es decir, la estrategia ideal no pasa por intentar solucionar todas tus preocupaciones económicas centrándote en la *cantidad* de dinero, ya sea aumentándola o saliendo adelante con una que sea inferior.

Contemplan el misterio de la existencia. El dinero se antoja irrelevante.
Caspar David Friedrich, *Aparición de la luna sobre el mar*, 1822.

Contempla el misterio de la existencia. El dinero se antoja algo básico y agobiante.

Lo principal es afrontar tu relación con el dinero y los sentimientos que dicha relación te producen.

Los conflictos entre las preocupaciones económicas y las esperanzas vitales son reales y profundos. En ocasiones creemos que podrían alinearse, cuando el dinero parece ir de la mano con la felicidad. Hay otros momentos en los que lo contrario se antoja realmente doloroso. Nos llega la factura de la electricidad, tenemos que afrontar el pago del seguro de la casa y necesitamos un tratamiento dental muy caro. Apenas podemos hacer frente a esos pagos. Y parece que siempre va a ser así. ¿Es que nunca podré viajar al extranjero para visitar a mi hermana? ¿Nunca podremos instalar la cocina nueva que significaría una mejora en nuestra calidad de vida?

Es importante reconocer la enormidad del tema monetario en la vida tanto individual como colectiva. Nuestros esfuerzos por obtener dinero son semejantes a algunos de los mayores dramas morales del pasado, dramas que tienden a tener un prestigio superior en nuestro imaginario cultural que los conflictos del día a día. Tomemos, por ejemplo, la lucha entre la fe y la razón, o el potencial conflicto entre las necesidades individuales y las exigencias del Estado.

Antígona, la obra de Sófocles, aborda un conflicto elemental entre la vida privada y las obligaciones para con la sociedad. El personaje protagonista, Antígona, antepone la lealtad a su hermano, que es un traidor, a la lealtad a la ciudad en la que vive. ¿Actúa de un modo correcto, teniendo en cuenta que la ciudad se encuentra en grave peligro? La grandeza de la obra se debe al hecho de que, como espectadores, somos capaces de reconocer la justicia y la racionalidad de ambas posturas. Se nos presenta un conflicto trágico. Sentimos la fuerza y la razón de los diferentes puntos de vista.

De un modo similar, también sentimos que el dinero y la vida están envueltos en una lucha a muerte. Puedes crecer (como me ocurrió a mí) en un entorno difícil y desear reunir suficiente dinero para escapar de él. Pero eso puede hacerte sentir que estás perdiendo tus raíces. O puede que, para conseguir suficiente dinero para sobrevivir en un mundo competitivo, sientas que te estás traicionando constantemente al no poder dedicarte a lo que consideras importante, como la familia, la creatividad, cambiar el mundo o, simplemente, cuidar el jardín.

Tenemos que intentar alcanzar una especie de equilibrio, algún tipo de compromiso en la relación entre estas exigencias opuestas y también en su integración, para alcanzar así una solución que no sea trágica. Nos perderíamos el sentido de la obra si nos limitásemos a posicionarnos en el lado de Antígona, del mismo modo que entenderíamos erróneamente la cuestión del dinero si nos limitásemos a decir que es algo nefasto. Porque aunque en ciertos aspectos lo es, también es potencialmente algo muy bueno.

Con *Antígona*, Sófocles mostraba a sus contemporáneos la profundidad y la fuerza de ciertos conflictos. Las tensiones, incertidumbres y confusiones que se producen en nuestra relación con el dinero son temas importantes en nuestra vida, no simples distracciones. Analizar nuestras decepciones, tomar decisiones difíciles sobre prioridades, independizarse, superar adversidades, dejar a un lado placeres a corto plazo en favor de beneficios a largo plazo: estos son aspectos cruciales de una vida adulta, y no solo desviaciones desafortunadas impuestas por el dinero.

La ansiedad es inevitable. El dinero es una cuestión tan importante en la vida que, en efecto, deberíamos preocuparnos por ella. El objetivo no es evitar todos los pensamientos relacionados con el dinero que nos producen ansiedad. (Aunque un colega mío dice que eso es exactamente lo que él quiere: «Me encantaría no volver a pensar nunca más en el dinero; un par de millones más y no tendré que hacerlo.»)

No deberíamos evitar los aspectos conflictivos, dolorosos e inciertos de nuestra relación, individual y colectiva, con la riqueza y la pobreza. Preocupación es el nombre de un esfuerzo mental: idealmente, uno quiere preocuparse de manera más autocrítica y más decidida. Podríamos decir que el objetivo de la vida adulta es preocuparse de una manera adecuada. Nos preocupamos por cuestiones que importan; la preocupación implica cariño. Por tanto: ¿cuánto deberías preocuparte por el dinero?, ¿de qué formas deberías preocuparte por el dinero?, ¿y por qué motivos deberías preocuparte por el dinero?, ¿deberías temer al dinero? El conocimiento de uno mismo, la experiencia y el valor (los auténticos antídotos contra el miedo) no hacen que desaparezca el peligro, pero nos capacitan para vivir una vida más próspera pese a la existencia del peligro.

Una persona valiente no es aquella que simplemente no percibe la amenaza. Es aquella que, siendo consciente de los riesgos, en lugar de sentirse paralizada o intimidada posee suficiente confianza y determinación para afrontarlos.

Así pues, como individuos, tenemos la oportunidad de cambiar lo que nosotros mismos aportamos a nuestra relación con el dinero. No pretendemos ser *indiferentes* al dinero; más bien, lo que queremos es tener una relación inteligente con él. De eso trata este libro: de cómo podemos aportar nuestra imaginación, nuestro conocimiento de nosotros mismos, nuestra madurez emocional y nuestras grandes ideas sobre la vida y la sociedad a la manera en la que nos relacionamos con el dinero.

III. El significado secreto del dinero

1. Cuando el dinero no es dinero

El bagaje emocional, los bloqueos y las obsesiones pueden provocar problemas en todo tipo de relaciones. Por tanto, es normal que sean también fuentes de conflicto en nuestra relación con el dinero. Y no nos damos cuenta necesariamente de lo que el dinero significa en lo profundo de nuestra mente. Puede significar estatus, seguridad, éxito, venganza, salvación, superioridad moral o culpa (y esto solo para empezar la lista). Todos ellos son asuntos de enorme importancia en la vida que se presentan y se desarrollan en nuestra relación con el dinero, y esto ocurre, en ocasiones, de un modo fatídico.

Para ver semejantes enredos de cerca, observa los siguientes retratos de personas que conozco.

1. Eddie

Durante años, Eddie ha venido diciendo que un poco de dinero más mejoraría mucho su relación con su esposa. Su idea era que si pudieran permitirse salir a cenar una vez a la semana y pagar una canguro que cuidase a sus hijos, su mujer y él lograrían mantener auténticas conversaciones, y de ese modo conseguirían mantener el interés en su matrimonio. Y tendrían unas relaciones sexuales excelentes. Con el paso de los años, han conseguido dinero suficiente como para permitirse salir algunas noches. Pero no lo hacen.

El problema no era entonces, ni es hoy, solamente económico, a pesar de que Eddie continúa insistiendo en lo contrario. Últimamente afirma que, si pudieran mudarse a una casa más grande y considerablemente más cara, entonces se sentirían bien el uno con el otro, valorarían la posibilidad de salir a cenar y su matrimonio se revitalizaría.

Para Eddie, el dinero tiene un significado secreto. Es la solución mágica para las penurias de una relación. En su mente, el dinero se convierte en una especie de afrodisíaco. Esta falsa ecuación tiene su origen en una experiencia muy concreta que guarda relación con sus padres. Cuando era niño, Eddie odiaba que sus padres salieran a cenar. Una vez, cuando su madre ya estaba arreglada para salir, él le vomitó en los zapatos porque estaba histérico ante la perspectiva de quedarse con la canguro mientras ellos se lo pasaban en grande sin él. Además, en su infancia, el hecho de que su madre se «arreglase para salir» equivalía a «un montón de dinero». Esa conexión se le quedó grabada en lo más profundo de su mente: el dinero significa que los adultos se lo pasan envidiablemente bien juntos. Así que ahora, cuando su relación conyugal decae, a Eddie le parece que la solución pasa por conseguir más dinero.

Esto significa que le pide al dinero un imposible. Eddie quiere una solución económica para un problema amoroso. Pero él no se da cuenta. Es cierto que las relaciones de pareja muy a menudo se ven afectadas por los problemas económicos. Te agobias porque tienes más deudas de las que puedes controlar (las deudas, de hecho, destrozaron el matrimonio de los padres de Eddie). Ambos estáis preocupados y con los nervios a flor de piel. Discutís. Te dices a ti mismo que si consigues más dinero la relación resultará beneficiada, porque el problema es, en origen, un problema económico.

Así pues, estamos habituados a pensar que el dinero puede aliviar las tensiones de una relación. Pero eso no es así en el caso de Eddie. Lo que él tiene, en primer lugar y por encima de todo lo demás, es un problema en su relación, por más que él lo interprete como un problema económico.

2. James

A lo largo de las tres últimas décadas, James ha reunido una importante fortuna por medio de sus empresas inmobiliarias y varios negocios más. Su nombre aparece en la lista de los mil británicos más ricos. Le aterroriza el fracaso y la pobreza.

En realidad, su fortuna está muy asegurada. Posee terrenos, edificios, coches, caballos, muebles. Tiene una cartera de inversión conservadora. Ha puesto dinero en varios fideicomisos para su familia. Tiene montones de pólizas de seguros. Se ha apartado de la mayor parte de los negocios que él mismo empezó, para no correr riesgos. Su miedo es irracional. Pero, obviamente, eso no impide que sea un miedo emocionalmente potente.

Porque James considera que padece problemas económicos. Está convencido de que no tiene bastante. Al mirar los balances de sus activos le domina la ansiedad. Necesita más dinero de manera urgente.

La verdadera solución a sus preocupaciones no puede ser económica. Si un pequeño castillo en Escocia, una mansión en la Región de los Lagos, una casa en la Ciudad Nueva de Edimburgo y todas esas acciones y pólizas y fideicomisos no le hacen sentirse seguro, podemos suponer sin temor a equivocarnos que nada lo hará. En realidad, su preocupación no es económica en absoluto. Solo lo parece.

Necesita buscar la forma de aliviar sus miedos de un modo más positivo. Quizás el arte, o la religión, o un cambio en su actitud hacia su familia, le resultasen útiles. Pero puesto que James considera que sus preocupaciones están causadas por el dinero, no dirige su inteligencia en esas otras direcciones.

En la mente de James, el dinero es como una madre poco fiable: propensa a abandonar a su hijo en cualquier momento. Mientras siga pensando así, no podrá utilizar el dinero para calmar sus temores. De ahí que, por más riquezas que acumule, su ansiedad no disminuya.

En otras palabras, James está atrapado. La mitad de su cerebro insiste en que el dinero le permitirá sentirse a salvo; la otra mitad insiste en que el dinero es poco fiable. Por tanto, no importa cuánto acumule: su nivel de ansiedad no se reduce.

Para mejorar la relación con el dinero, James deberá hacer algo que, a primera vista, parece irrelevante para su economía. Tendrá que hacer frente a los demonios de su propia inseguridad.

3. Petra

Desde que alcanza su memoria, Petra se ha visto envuelta en una intensa rivalidad con su prima Simone. A pesar de que apenas han hablado en los últimos cinco años, Petra utiliza una escala de comparación muy particular para juzgar su propia vida. Cuando algún conocido común le comenta que Simone ha tenido éxito en su vida profesional, Petra siente un gran desasosiego. Esto se debe a que, durante varios años, a ella le iba mejor que a su prima. Cuando Simone retomó los estudios en la facultad de Derecho, Petra era la mejor situada: vivía en una bonita casa y podía permitirse unas buenas vacaciones. En lo más hondo de su ser, Petra se formó inconscientemente la creencia de que su prosperidad era la prueba de que ella era superior a Simone en otros aspectos: más inteligente, más sociable, más simpática, más en consonancia con la realidad, más merecedora de una buena vida.

La actitud de Petra hacia el dinero desconcierta a sus amigos. Es una funcionaria pública con un alto cargo y un sueldo que triplica la media nacional. Es soltera y tiene un hijo de veinte años. Pero, con frecuencia, Petra no se siente a gusto con lo que tiene. Odia su apartamento (aunque sus amistades lo admiran). Se siente fracasada. Siempre está fantaseando con lo que haría si tuviera más dinero.

En la mente de Petra, el dinero es el territorio en el que compite con su prima. ¿Cuánto necesita? La única respuesta aceptable para ella es: «Más que Simone».

4. Angela

Si alguna vez Angela se encuentra en una buena situación financiera, no le dura mucho.

Hace un par de años la tía de su padre falleció y le dejó alrededor de 20.000 libras. Ya se las ha gastado. Se fue de viaje a Italia. Perdió parte de esa cantidad en una estúpida estafa, al invertir en una granja para canguros. Donó el diez por ciento a un albergue para mujeres maltratadas. Durante una temporada solo se desplazó en taxi. Probó con la psicoterapia, pero no obtuvo mucho resultado. Compró una pequeña y preciosa mesa auxiliar de nogal de principios del siglo XVIII que queda fuera de lugar en la casa en la que vive alquilada y que comparte con otras personas, pero es la única cosa que aún posee gracias a la herencia.

Cuando se siente sobrecargada de tensiones, Angela recuerda con horror cómo desaparecía aquella cantidad ante sus ojos. ¿Por qué no la ingresó en el banco?

Se siente frustrada con su trabajo. No parece que pueda encontrar un empleo que realmente le guste. Sueña despierta con trabajar para una fascinante asesoría de la que ha oído hablar, con base en Copenhague; trabajan en filosofía empresarial y a ella eso le suena como una fusión de la Factoría de Andy Warhol y el Boston Consulting Group. Pero se le antoja una opción desesperadamente lejana. Está realizando un máster a tiempo parcial en Ética Aplicada, y, para ser sincero, no le va muy bien. Tiene un trabajo que antes le gustaba: enseña a futuros profesores de inglés como lengua extranjera.

Por extraño que parezca, Angela teme no tener bastante dinero. Dice que quiere ganar más y ahorrar un poco; está harta de tener siempre deudas. En su mente, el dinero es muy peligroso. Tiene treinta y cuatro años, pero tomar las riendas de su estado de cuentas significaría el fin de su juventud y el comienzo, según ella piensa, de la desoladora madurez. Cree que tiene preocupaciones económicas. Sin embargo, detrás de esas preocupaciones subyacen causas inesperadas: su actitud hacia sí misma y hacia su vida, su visión de la edad y la madurez, sus particulares teorías sobre la felicidad.

5. Stephen

Stephen se considera pobre. A menudo utiliza la palabra «lucha» en las conversaciones que mantiene consigo mismo y en las que habla acerca de sus preocupaciones. Trabaja en una librería. Cuando puede, también escribe: lleva tiempo intentando que le publiquen una colección de relatos, hasta el momento sin éxito. Se toma extremadamente en serio y con absoluta dedicación la creación literaria: trata de capturar las minúsculas variaciones de los sentimientos con total fidelidad al tiempo que experimenta con nuevas y complicadas formas de expresión. Se horroriza cuando mira los títulos de los libros que mejor se venden. Hay mucha porquería y basura, libros sin mérito que generan millones. El dinero, piensa él, es el enemigo de la verdad y la esencia; aplasta a todo el que intenta interponerse en su camino; crea falsas convenciones. Stephen considera que a los editores no les importa la calidad de un texto, sino únicamente qué beneficio pueden sacar de él. En las fiestas, si dice que es escritor, la gente solo se interesa por saber cuántos ejemplares vende. Compara el apartamento que tiene alquilado en una calle de mala muerte con las casas enormes y de mal gusto que hay en los barrios adinerados. Al pasear, se fija en las tiendas rebosantes de artículos de supuesto lujo y objetos que marcan diferencias de estatus, artículos que parecen destinados a robar el alma de sus dueños. Vivimos, dice él, en la caverna de Platón. Todo el mundo está obsesionado con cosas que no son reales, con el dinero en lugar de con la verdad. Y cuando intenta mostrárselo a los demás, ellos, por supuesto, reaccionan odiándole.

6. Karen

Recientemente, después de que sus hijos comenzasen a ir al colegio, Karen se ha establecido en una segunda profesión: planificadora financiera. Antes de eso era profesora de educación física. Debido a su trabajo con frecuencia está en contacto directo con gente que tiene mucho más dinero que ella, con lo cual es muy consciente de las relaciones existentes entre la riqueza y el estatus. Obviamente, cuanto más dinero tiene un cliente, más importante es para la empresa de Karen y le dedican una mayor atención y un mayor mimo. Cuando encuentra en las páginas de sociedad de una revista de moda la fotografía de alguno de sus clientes en un acto benéfico o en las carreras, ella conoce la historia que hay detrás. Sabe que la riqueza crea presencia: quién es amigo de quién y cómo se diferencian los diversos estratos de la «sociedad». Por lo general, es capaz de distinguir rápidamente si una persona posee una fortuna auténtica o si es solo un «aspirante» (un término que en su vocabulario particular es despectivo). En cierto modo, el trato directo con los ricos le excita. Pero dichos encuentros también la han transformado, endureciéndola. Inconscientemente, se ha vuelto impaciente con sus viejos amigos no adinerados, que ahora le aburren. Y está completamente decidida a encontrar la forma de llegar a lo más alto, donde se encuentra lo que le parece el mundo real, el mundo de la riqueza.

La creciente presión interna que Karen experimenta en relación con el dinero no tiene nada que ver con tener lo suficiente para vivir sin dificultades. El dinero significa estatus; es decir: amor, atención, respeto, satisfacción, plenitud. En otras palabras, para ella el dinero ha adquirido una relevancia casi religiosa. El dinero, a los ojos de Karen, es lo que una sociedad antigua podría haber llamado «la gracia de Dios». Así pues, la solución genuina a sus problemas se parecería muy poco a una estrategia financiera y mucho a una regeneración moral.

Estos retratos no son más que unos pocos ejemplos del hecho de que, en el fondo, muy a menudo *el dinero no es dinero*. Es prueba de bondad; es la causa de maldades; es la victoria sobre un rival; es la senda del amor; es el garante del placer sexual; es veneno; es la muerte de la infancia.

Puesto que el dinero penetra de tal modo en nuestras vidas, resulta inevitable que quede enredado con la psicología íntima. Para un novelista esto puede ser excitante. Pero en relación con el propósito de vivir bien, representa un problema.

Esto es así, por ejemplo, porque permitir que la relación con mis padres invada mi cuenta bancaria, o intentar obtener una victoria tardía en una rivalidad infantil aumentando al máximo mis ingresos en la vida adulta solo me llevará al fracaso. Estas experiencias del pasado no deberían influir en mis decisiones económicas actuales.

Estrictamente, el dinero es solo un mecanismo neutral para el intercambio. No es nada por sí mismo. Simplemente indica un grado de deuda o crédito. Pero desde un punto de vista psicológico, el dinero, como hemos estado viendo, es un montón de cosas diferentes. En un extremo, alguien podría concebir el dinero como una especie de dios. No es una cuestión de fe explícita. Más bien, se revela en la forma en que una persona piensa, siente y actúa. En el otro extremo, alguien podría comportarse como si el dinero fuera algo malvado y, por tanto, se siente impulsado a fracasar económicamente, y extrae de ese fracaso un cierto grado de legitimación. Pero, por supuesto, el precio de esa legitimación es extremadamente alto.

El dinero ejerce un extraño poder y provoca que nos comportemos de modo desafortunado. Tendemos a mentirnos a nosotros mismos sobre el dinero. El significado secreto del mismo en nuestra imaginación individual genera un poderoso motivo para evitar la verdad o para encubrirla. Para mentir, en definitiva. La economía se convierte en ciencia al desprenderse de lo personal, pero, precisamente por eso, carece de lo que más necesitamos comprender: la historia secreta de nuestras relaciones individuales con la riqueza.

Mucha gente siente que no tiene sentido pensar en el dinero en general. Las particularidades de su experiencia son demasiado peculiares y personales. ¿Cómo puede alguien hablar auténticamente y con un grado de relevancia general? «¿Quién soy yo para hablar de dinero?», pregunta la voz de la autocrítica.

Lo que debemos hacer, por tanto, es apartar esas capas de duda y confusión; necesitamos ver el dinero de la forma más realista posible. Por nuestro propio bien, y por el de la sociedad, deberíamos intentar reformar y mejorar nuestras relaciones con el dinero. Queremos desprendernos de todo el lastre inútil. Pero ¿cómo hacerlo?

2. Cómo desnudar la verdad

Lo que sigue es un ejercicio práctico de autoconocimiento en cuatro pasos. Merece la pena que anotes tus propias respuestas (de la manera más sincera posible).

1. Reconocimiento

Puesto que el significado secreto que el dinero tiene en la vida de cada uno permanece un tanto escondido, resulta fácil negarlo. Nuestra reacción instintiva puede ser la de decir: «Por supuesto, otra gente carga con todo tipo de lastres en lo referente al dinero; sin embargo, yo estoy completamente libre de tales impedimentos.» El primer paso es oponerte a esta tendencia. El proceso comienza cuando dices: «Probablemente trato mi dinero de forma extraña; lo que sucede es que todavía no sé con exactitud cuál es esa forma.»

2. Asociaciones

Empieza por escribir algunas palabras o frases que asocies con el dinero. Para animarte a hacer tu propia lista, aquí tienes algunas de las palabras que yo he apuntado (algunas de las cuales, lo admito, pueden parecer un poco extrañas a primera vista): molestias, «nunca escaparé», «terrenos altos y soleados», vulgaridad, comodidad, «está bien para ti».

Luego añade contenido a lo que aparece en la lista. ¿Qué significan para ti esas palabras o frases? Añade una reflexión sobre lo que revelan acerca de tu actitud hacia el dinero. Aquí están las mías:

1. *Molestias:* Tener que vivir en un lugar mal comunicado (porque las casas son más accesibles ahí), lo que supone un largo desplazamiento para ir a trabajar, lo que supone estar de los nervios por las mañanas, lo que supone estar irritable y grosero con Helen y los niños, lo que supone sentirme culpable y triste. *Reflexión:* Mi miedo a responsabilizarme adecuadamente de mi manejo del tiempo enlaza con no tener la cantidad ideal de dinero. Pero las molestias son exageradas: debería levantarme más temprano, lo que significa acostarme más pronto, lo que significa apagar el DVD y no ver un episodio más de *El ala oeste de la Casa Blanca.*

2. *«Nunca escaparé»:* Este es un sentimiento fatalista. Siempre que tengo algo de dinero, llega una factura enorme o un gasto inesperado y se lleva todo lo que

creía haber ahorrado. Me siento ligeramente complacido conmigo mismo, y entonces Helen me suelta que tenemos que pagar la factura del dentista por los aparatos de los niños, o que una parte del tejado necesita una reparación urgente. Vuelta a empezar. *Reflexión:* El problema es que escondo la cabeza bajo el ala. Necesito prever los gastos de manera más realista. Sabía desde hace tiempo que los aparatos dentales costarían caros; sabíamos que parte del tejado estaba en malas condiciones. Pero una parte de mí decidió ignorar todo eso.

3. *«Terrenos altos y soleados»:* Un código que significa «algún día todo se arreglará». A menudo fantaseo con que tengo más dinero. Me imagino lo maravilloso que eso sería: todos mis problemas se habrían acabado, lo pasaría en grande. Pero no hay un calendario establecido para ello. «Algún día» es una expresión indefinida, un momento lejano en el futuro. *Reflexión:* Pienso en el dinero de un modo ligeramente mágico. No pienso de manera realista en cómo podría hacer que eso sucediera, o, si acaso, solo lo pienso hasta cierto punto.

4. *Vulgaridad:* Siempre estoy buscando señales de que la gente con mucho dinero es inferior a mí de algún

modo que yo considero importante. Estoy obsesionado con la belleza y me siento mejor conmigo mismo
cuando veo a gente adinerada vistiendo de forma es-
trafalaria. *Reflexión:* Intento aferrarme a mi dignidad
para sobrellevar el incómodo resultado de una comparación económica. Haría mejor en concentrarme
en lo que de verdad me importa y no dedicarme a criticar a los demás.

5. *Comodidad:* Mi imagen de lo que el dinero traería
    consigo. Un abrigo de cachemira para una tarde
    fría; gruesas cortinas de terciopelo, perfectamente
    emparejadas; tranquilidad interior nacida de la no
    necesidad de preocuparme por el dinero. *Reflexión:*
    Esta idea del dinero parece estar relacionada con
    mi infancia escocesa. Es una defensa contra la sen-
    sación de frío. Puede que tenga que ver con la pro-
    tección contra otros peligros, por ejemplo: «Si tengo
    dinero, nadie se enfadará conmigo.» Siendo since-
    ro, sé que el dinero no puede traer esa clase de segu-
    ridad.

6. *«Está bien para ti»:* Podría decir esto acerca de otra
    persona; y temo que otra persona podría decirlo so-
    bre mí. Imagino la frase dicha en un tono de voz muy
    agrio, resentido. Significa: soy desdichado porque tú

eres feliz. E implica: seré feliz cuando tú seas desdichado. *Reflexión:* No me considero un amargado, pero me aterroriza llegar a serlo. Y tengo miedo de que otras personas estén amargadas conmigo. ¿Acaso mi obsesión por mejorar y tener más me ha vuelto un poco egoísta?

3. Historia personal

Para cultivar el autoconocimiento, necesitas examinar los episodios determinantes de tu historia personal con el dinero. ¿Estás orgulloso de ti mismo en relación con el dinero? ¿Cuándo te has sentido más humillado o avergonzado por dinero? ¿Cómo te sentiste en relación con la gente que estaba allí en ese momento? ¿Qué importancia ha tenido el dinero en tus relaciones con esa gente? ¿Te animó tu educación a tener una actitud saludable hacia el dinero?

¿Hasta qué punto le atribuyes poderes «mágicos»? ¿Prestas más atención a cuánto dinero la gente *parece* tener o a la más delicada cuestión de cuánto tienen *en realidad*? Al analizarlo con perspectiva, ¿consideras que tus preocupaciones han sido inteligentes? ¿Has pecado de optimista? ¿Cuáles son tus verdaderos miedos en relación con el dinero?

Para echarte una mano y animarte a tomar cartas en el asunto, pongo de muestra algunos episodios de mi propia historia con el dinero:

I. A los 7 años de edad, solté el gran embuste de que mi padre era «casi millonario» (en realidad, estaba disfrutando de un ciclo levemente positivo en su epopeya de beneficios y pérdidas), y al instante me respondieron: «A ti lo que te pasa es que eres tonto.» *Miedo:* Soy vanidoso. Me siento impulsado a exagerar de manera ridícula mi estatus económico porque me aterroriza ser humillado. Inconscientemente, equiparo fortuna y atractivo. Aunque sé que hacerlo es absurdo.

2. Los aterradores cambios de rumbo de mis padres entre la fortuna sofisticada (antiguas garrafas de cristal, vacaciones en la Provenza, abrigos de pelo de camello) y la auténtica pobreza (un pequeño coche lleno de abolladuras que en una ocasión se averió en mitad de la calle, su incapacidad para comprar comida o para pagar la calefacción en invierno, los agujeros de mis zapatos y mi reticencia a pedirles que me comprasen unos nuevos). *Miedo:* No puedo aceptar la realidad del dinero; lo veo como un punto de apoyo; viene y va sin que ello guarde relación alguna con mi comportamiento o mis decisiones; me considero exo-

nerado de cualquier responsabilidad. No es algo que esté en mis manos.

3. Mi dulce hermana pequeña, que entonces tenía 12 años, después de que hubiéramos visitado a una familia adinerada de nuestra localidad, entró en el coche y dijo, con un jadeo: «¡Qué ricos son!», y mi madre, mi hermano y yo le susurramos que se callase (aunque los únicos que podíamos haberla oído éramos nosotros). ¿Por qué estábamos tan enfadados? *Miedo:* Mi vanidad está herida por la idea de la pobreza; no puedo soportar que nadie me la recuerde.

4. Ser humillado por mi primera novia, que procedía de una familia de grandes logros. Ella consideraba que iba escasa de dinero, aunque, para lo que yo estaba acostumbrado, tenía de sobra. Me explicó la actitud de sus padres hacia mí: «Les caes bien, pero no te entienden; creen que los jóvenes deberían comprarse coches deportivos y montar empresas de publicidad o entrar en el Parlamento.» Como si, simplemente, me hubiera olvidado de hacer tales cosas. *Miedo:* Haber nacido pobre es el peor de los errores.

5. En ocasiones no tenía claro si continuaba con mi matrimonio por el dinero (económicamente, Helen

siempre ha aportado más) o si el dinero ayudaba a que el matrimonio sobrellevase sus períodos de dificultad. *Miedo:* Tengo un alma mercenaria.

6. Una amarga sensación de haber tomado algunas decisiones horribles, como la de retirarme de una sensata inversión inmobiliaria y después malgastar dinero en otras aventuras poco convincentes. A raíz de semejante disparate, tuvimos que padecer años de ansiedad. *Miedo:* Soy un negado en economía.

7. Haber sido muy lento en conseguir un ingreso estable y burgués. *Miedo:* En cuestiones financieras, no tengo ni remota idea.

4. Encontrar la compañía adecuada

Llegar a conocer nuestra relación íntima con el dinero y separar los asuntos verdaderamente económicos de aquellos que son preocupaciones que en realidad están relacionados con otra cosa es un proyecto muy personal. Pero no solitario.

Hablar abiertamente sobre dinero suele ser un tabú; muy probablemente la conversación produciría un conflicto, resentimientos y deshonestidades. Incluso estando entre amigos (al menos en mi experiencia), por lo general tendemos a evitar los aspectos verdaderamente íntimos de la economía en nuestras vidas.

Pero es bueno contar con la compañía de otras personas que estén interesadas en mejorar la calidad de su relación con el dinero. El proyecto de «desnudar» el dinero, de poner en claro nuestra relación con él, de aumentar nuestro autoconocimiento y madurez, es algo íntimo. Tiene lugar en nuestra cabeza y en nuestra vida. Por supuesto, sería mucho más sencillo si formáramos parte de una sociedad completamente sana en ese aspecto, y en la que todo el mundo se enfrentase a los asuntos económicos con responsabilidad madura y perspectivas a largo plazo. Pero, desafortunadamente, ese no es el caso.

Por tanto, saldremos beneficiados si nos acercamos a grupos de personas que puedan ayudarnos a transformarnos en versiones mejoradas de nosotros mismos. En este caso, a tener una relación más sana y productiva con el dinero.

Sin embargo, sorprendentemente, en este punto la clave no radica en buscar gente obsesionada con el dinero o que tenga un gran interés en estrategias de inversión (aunque también podría ser el caso); al contrario, lo crucial es compartir un interés en la claridad y la honestidad, en librar de obstáculos nuestra relación con el dinero. Entonces, ¿cómo hallamos la compañía adecuada? ¿Qué estamos buscando en esas personas?

A continuación, indico siete características que sería deseable que compartiesen:

1. *Gente que nos incite a ser realistas:* En la obra *Emma*, de Jane Austen, el personaje protagonista anima a su humilde amiga Harriet a enamorarse de un hombre rico de clase alta, aunque en su mundo no existe la posibilidad de que acaben casándose. Esta ambición amenaza con destruir las opciones de Harriet de tener una vida feliz. Al pretender conseguir algo fuera de nuestro alcance olvidamos que inflar en exceso nuestras esperanzas es una manera de abocarnos a la desgracia. Al final, Harriet tiene suerte y realiza un buen matrimonio. Si somos realistas, en este ejemplo la cuestión no era humillar a Harriet, sino comprender sus verdaderas necesidades. Emma no tuvo en cuenta de manera adecuada cómo era realmente Harriet: para prosperar, su amiga no necesitaba en absoluto casarse con un hombre rico.

2. *Gente que no utilice el dinero como un medio para humillar al prójimo:* De vez en cuando encuentras personas que hacen ostentación de su estatus, lo que implica que, si tú no eres tan rico como ellos, a sus ojos no posees una auténtica existencia: perteneces a una especie inferior. Curiosamente, los más acomodados no son los únicos que utilizan el dinero para humillar. Es posible que lo haga el camarero de un restaurante cuando pides una botella de vino más barato de

lo habitual, o el recepcionista de un hotel que te incomoda porque no quieres una *suite*. No es que ellos puedan permitirse algo mejor. Lo que implican es: Solo te mostraré respeto si te gastas mucho dinero. Tienes que evitar a este tipo de gente.

3. *Gente que no contagie desesperación y resentimiento hacia el dinero:* Hay personas cuyo miedo al dinero se disfraza de desdén, y quieren que tú compartas esa actitud. A sus ojos, todo lo que tenga relación con ganar dinero es sórdido e injusto. Siempre disponen de suficientes evidencias para apoyar semejantes convicciones, pues se centran, de forma implacable, en las malas noticias. Evítalos. Contaminarán tu mente.

4. *Gente que contagie buenos hábitos:* Son un buen ejemplo. Prescinden de algo que quieren porque no es inteligente gastarse el dinero necesario para tenerlo. Compran ropa de segunda mano y no lo ven como algo de lo que avergonzarse, sino como un acto económico inteligente.

5. *Gente que se muestra abierta con respecto a sus propias experiencias económicas:* Mi propia forma de pensar sobre el dinero ha estado muy influenciada por un colega de negocios, que por entonces vivía una situa-

ción muy boyante, y que me contó cómo una década antes había sufrido una quiebra total. Resultaba profundamente conmovedor oírle hablar de su amor por su negocio, sus esfuerzos desesperados por salvarlo, las frustraciones de no ser capaz de hacerlo y los dos desoladores años que siguieron y que le obligaron a aprender a sobrevivir con muy poco. Tal fue la riqueza de su relato que su experiencia se me quedó grabada. Lo ideal es que nos beneficiemos de la experiencia de los demás, pero esto solo ocurre cuando otros comparten sus vivencias de un modo suficientemente honesto y sincero. Ocurre muy pocas veces que podamos atravesar la fachada que cubre la vida de otra persona. Y nuestras ideas con respecto al dinero se forman demasiado a menudo a partir de las apariencias, de lo que las vidas de otros parecen ser. Pero si una persona empieza, otras pueden seguirla. La franqueza genera franqueza.

6. *Gente que escucha y que no proyecta su situación sobre los demás:* Algunas personas tienden a decir: «Deberías hacer esto...», cuando en realidad se refieren a: «Yo hago esto...» La pregunta de por qué ambos deberíamos hacer lo mismo nunca llega a formularse ni responderse. Con excesiva frecuencia utilizamos nuestra propia vida como un modelo para la de los

demás. «Escuchar» significa descubrir lo que a otra persona le está ocurriendo realmente.

7. *Gente que abre su mente para pensar con mayor claridad sobre nuestra situación, nuestras oportunidades y nuestras dificultades, gente que desmitifica el dinero y no se deja llevar por el pánico:* Es natural que nuestros propios hábitos y nuestras presunciones sobre la vida y sobre el mundo nos resulten normales, verdaderas y definitivas. Pero el amigo ideal (en relación con el dinero) nos anima a analizar y revisar los prejuicios. Pero para hacer esto no se trata de descartar bruscamente miedos y preocupaciones, por muy irracionales que puedan ser. La veracidad del amigo queda equilibrada (y, por tanto, nos resulta útil) por su lealtad.

Como todos los amigos, el amigo en cuestiones económicas nos ayuda a encontrar un modo de vida más inteligente, más realista y más satisfactorio.

3. ¿Qué es el dinero?

Hemos estado desnudando el significado simbólico que la gente suele atribuir al dinero. ¿Qué queda por hacer? ¿Qué significa ver el dinero como realmente es?

El dinero es esencialmente un medio de intercambio, el intermediario que los antiguos sistemas de trueque necesitaban para funcionar. El dinero, en sí mismo, es abstracto. Prácticamente cualquier cosa puede transformarse en dinero y el dinero puede transformarse en prácticamente cualquiera cosa. Por ejemplo, la dedicación de nuestro tiempo y nuestro talento a, pongamos, organizar una red de distribución de aparatos domésticos puede transformarse, entre otras muchas cosas, en clases de tenis para un hijo o en unas cortinas nuevas para el dormitorio.

El hecho es que el dinero de nuestra cuenta corriente en el pasado fue otra cosa: trabajo y proyecto. Y con el tiempo, a su vez, se transformará: en pertenencias y experiencias.

Según otra definición habitual, el dinero es un «almacén de valor». Esta definición destaca el hecho de que el dinero puede transformarse en muchas otras cosas, y en cualquier momento.

Por lo tanto, una vida con dinero puede ser analizada del siguiente modo:

1. Es de absoluta relevancia cómo convertimos el dinero en pertenencias y experiencias. ¿En qué pertenencias y en qué experiencias conviertes tú el dinero? ¿Con qué grado de eficacia haces esa conversión?

DINERO ➡ 🏠💼🚲👶

2. También es igualmente importante cómo convertimos el trabajo y el esfuerzo en dinero. ¿Qué esfuerzos o actividades conviertes en dinero? ¿En cuánto dinero conviertes tus esfuerzos y actividades?

⛏🏠🚲 ➡ DINERO

Por tanto:

En otras palabras, ¿cuál es la naturaleza de las actividades y de los esfuerzos que transformamos en dinero? ¿Y cuál es la naturaleza de las pertenencias y experiencias en las que se convierte el dinero?

Un miedo muy común es el de que los esfuerzos, por sí mismos, no sean suficientemente válidos. De este modo, aunque puedas convertir esos esfuerzos en dinero, no es un intercambio provechoso, porque los esfuerzos constituyen una parte importante de tu existencia. Hay una buena dosis de verdad en la frase de que somos lo que hacemos. Y esa es la razón por la que resulta tan destructivo para nuestro ánimo emplear mucho tiempo en hacer algo que no creemos que merezca la pena.

Otro miedo frecuente es el de que, incluso cuando en principio hay dinero suficiente, no podemos transformarlo realmente en buenas pertenencias y buenas experiencias. El dinero no te muestra, por sí mismo, cómo hacer eso.

Así pues, en último término, la tarea es convertir esfuerzos y actividades que merezcan inherentemente la pena en propiedades y experiencias que posean por sí mismas un valor verdadero y duradero. Ese es el ciclo económico ideal.

Nuestra relación con el dinero se vuelve poco saludable cuando la apartamos de ese ciclo. Esto sucede cuando dejamos de ver el dinero como pertenencias y experiencias en potencia, y vemos en cambio las pertenencias y las experiencias como dinero en potencia. Esa es la situación de una persona que no ve un cuadro, sino únicamente su precio; que no ve una educación, sino una posibilidad para ganar dinero. Y ocurre cuando contemplamos nuestras actividades como formas de hacer dinero y no como actividades que deben ser evaluadas por su valor inherente.

En cada uno de estos casos, el error viene a ser el mismo y puede ser expresado con una notable finalidad lógica. En ambos casos los medios se tratan como si fueran fines. O, para expresarlo de otro modo, tratan un medio de intercambio como si fuera por sí mismo una cosa real.

De hecho, una casa puede considerarse una inversión: representa una cierta cantidad de dinero almacenado por un tiempo en ladrillos y cemento (o en acero y cristal). Y después de un tiempo se volverá a convertir en dinero. Durante el proceso, la consideración elemental es el dinero. La casa es solo un extraño *tipo* de dinero. Por otro lado, una casa puede ser vista esencialmente como un hogar. Absorbe las experiencias de quienes viven en ella; contiene la infancia; expresa el estilo personal; es el lugar donde enriqueces tus amistades. Por supuesto, eso supone un gasto de dinero. Pero no todo tiene que ver con el dinero. Este es simplemente el medio que hace posible esas otras cosas.

Aquí estamos hablando de una cuestión psicológica. Es una cuestión de actitud. En la mente de una persona, ¿una casa es en primer lugar un hogar y en segundo lugar un vehículo económico? ¿O es en primer lugar un factor económico y en segundo lugar un sitio donde se desarrolla la vida? Creo que está claro cuál de estas dos actitudes es mejor.

Este punto de vista empieza a explorar la forma en que nuestras actitudes con respecto al dinero pueden ayudar o entorpecer la búsqueda de una buena vida.

IV. El dinero y la buena vida

1. El dinero como ingrediente

Como hemos visto, el dinero, una vez desprovisto de las capas que lo envuelven, solo es un medio para el intercambio. En otras palabras, el dinero es un instrumento. Parece un dato banal, pero es extremadamente importante, pues da pie a dos enormes cuestiones. Primera: es un instrumento, pero ¿para qué? Segunda: ¿cómo puede ser utilizado de forma eficiente y eficaz para alcanzar ese fin?

La respuesta más simple es que quiero más dinero para así poder conseguir cosas concretas: un coche, un apartamento, unas vacaciones, una pareja, un estatus, amor. Es decir, las cosas que me harán feliz.

Pero según una célebre teoría, el dinero proporciona un rédito decreciente en términos de felicidad:

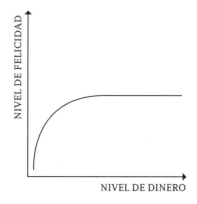

Como puede verse, el nivel de felicidad se eleva con bastante rapidez a medida que la gente pasa de no tener dinero a poseer modestas cantidades; después la línea se aplana y, más allá de un cierto nivel, la línea ya no sube más. (Los ingresos medios estarían situados cerca de la mitad de la línea de dinero.)

En realidad, esto no debería sorprendernos. Cuando hablamos de felicidad, ¿en qué pensamos? Probablemente, en una mezcla de optimismo y serenidad: te sientes muy contento y a salvo. Y el dinero tiene una relación real pero decreciente con estas emociones.

El dinero puede comprar cosas que te hagan sentir sereno: la lujosa habitación de un hotel, la casa en el campo. Pero hay muchas fuentes posibles de serenidad (como el buen temperamento, las relaciones estables, hacer ejercicio físico, tener una creencia religiosa, escuchar música) que no tienen una relación necesaria con el dinero.

El dinero está ligado a la alegría. Puede comprar los elementos que acompañan a la felicidad: el champán, la invitación para la alfombra roja, el billete de avión hacia el *glamour*. Sin embargo, sabemos muy bien que es posible disfrutar de todas estas cosas y seguir sintiéndose triste y deprimido.

Para explicar esta circunstancia cabe decir que el dinero puede comprar los símbolos, pero no las causas de la serenidad y la alegría. Directamente, debemos admitir que el dinero no puede comprar la felicidad.

1. Por qué deberíamos hablar de prosperidad en lugar de felicidad

Obviamente, la serenidad y la alegría son atractivas. Pero en realidad no captan lo que la gente pretende obtener de la vida.

Mucha gente se da cuenta de que necesita hacer cosas para el prójimo. Existe un profundo miedo a que la vida de uno sea vivida en vano, sin realizar ninguna contribución, o algo bueno y determinante, a las vidas de otros.

Hacer algo provechoso no siempre te hace sentir bien en el momento. Tienes que realizar grandes esfuerzos, cuando lo que sientes son ganas de darte por vencido; tienes que arriesgarte a molestar a otras personas; tienes que aceptar la ansiedad que viene de la mano de la competición; tienes que poner tu alma en cosas que podrían ser rechazadas o son muy difíciles de obtener. Prosperar significa concentrarte en las cuestiones que para ti son importantes, ejercitar tus capacidades, intentar activamente «hacer realidad» lo que te importa. Pero estas actividades implican ansiedad, miedo al fracaso y a los tropiezos, así como una sensación de satisfacción, triunfos ocasionales y momentos de entusiasmo.

Una buena vida sigue siendo una vida. Tiene que incluir su parte correspondiente de sufrimiento, soledad, decepción y aceptación de la propia mortalidad y la de aquellos a quienes amamos. Vivir una vida que sea buena como tal incluye todo eso.

«Prosperidad» sí capta aquello a lo que realmente aspiramos:

al mejor uso de nuestras capacidades y habilidades, a involucrarnos en cosas que a nuestro entender merecen la pena; a la formación y la expresión de la mejor versión de uno mismo.

Por todo ello, «prosperidad» es un término más adecuado que «felicidad» para hacer referencia a lo que queremos de la vida.

2. ¿Cuál es la relación entre dinero y prosperidad?

Bien, es bastante cierto que tener más dinero no nos hace más felices, en el sentido de la alegría y la serenidad interiores, al menos no por mucho tiempo ni en un grado muy elevado. Por tanto, si eso es lo que de verdad anhelas, claramente no es una buena estrategia buscar más y más dinero.

En cambio, si pensamos en prosperar, entonces el dinero desempeña un papel muy distinto.

El dinero es muy útil a la hora de hacer posible una acción o de permitirnos obtener posesiones materiales. El dinero es una fuente de poder e influencia.

El poder y la influencia no son rutas directas hacia la alegría y la serenidad, pero están íntimamente relacionados con la prosperidad, porque aportan una ayuda directa para hacer algo que sea diferencial, perseguir lo que te importa, desarrollar tu talento y fomentar el de otros.

NIVEL DE DINERO

Potencialmente, la prosperidad continúa subiendo a medida que aumenta el dinero; la línea no se aplana como hace la del gráfico de dinero y felicidad que hemos visto anteriormente.

La prosperidad tiene un fin abierto. Por tanto, un aumento de dinero siempre aumenta las posibilidades de prosperidad.

Pero el dinero no es la única causa de prosperidad. El dinero es un ingrediente, un recurso.

3. El dinero como ingrediente

Hay muy pocas cosas que puedas hacer solo con dinero. Pero hay montones de cosas que no podrías hacer fácilmente *sin* dinero. La lógica de los ingredientes nos resulta familiar y es simple, pero cuando pensamos en el dinero nos olvidamos una y otra vez de ella.

El dinero acarrea buenas consecuencias, nos ayuda a vivir buenas vidas, pero solo cuando va unido a valiosas «virtudes». Las virtudes son buenas aptitudes de la mente y el carácter.

Proyecto	El dinero da	Virtudes requeridas	El dinero, sin virtudes, obtiene
Una buena casa	Elección de propiedad y situación, elección de muebles, aparatos domésticos, vía de acceso para obtener ayuda.	Estilo, buen ojo, buenas relaciones, espíritu sociable, decisión, persistencia, buen gusto.	Interiores vulgares y entorno pretencioso o escasas perspectivas sociales.
Unas buenas vacaciones	Libertad de maniobra, opciones sobre dónde alojarte y comer y qué hacer.	Propósito, autoconocimiento, astucia, flexibilidad, espíritu de aventura, sensibilidad cultural.	Entretenimiento superficial, recuerdos carentes de brillo, vacío, experiencias culturales carentes de autenticidad, autonegación e insatisfacción.
Una buena educación	Posibilidades extra, oportunidad de períodos mayores de estudio, más opciones, vía de acceso para obtener ayuda.	Voluntad y deseo de aprender, visión apropiada de mejora personal, sensación de esfuerzo intelectual y entusiasmo, búsqueda de la sabiduría y la confianza.	Mente poco inspirada, falta de motivación y satisfacción, vida de privilegios de poca consideración, culpa o desaprobación (aburrimiento).

La prosperidad no es egoísta, o avariciosa, ni antisocial en el sentido en que puede serlo la búsqueda implacable de las sensaciones de serenidad o regocijo. La prosperidad genuina de las personas supone un beneficio colectivo. Esto se debe a que el ejercicio correcto de las capacidades debe impulsar el bienestar general, mientras que mi serenidad y alegría privadas pueden no añadir nada en absoluto a las vidas de los otros.

4. ¿Cuánto necesito?

Esta es una pregunta muy importante, y no deberíamos solventarla con un simple «todo lo que puedas conseguir».

Solo podemos preguntar «¿Cuánto necesito?» cuando entendemos el dinero claramente como un ingrediente. Buscar la respuesta a ese interrogante significa que tenemos que preguntar:

1. ¿Cuáles son mis verdaderos objetivos? (Podrían ser un hogar feliz, el buen desarrollo de mi mente, el vínculo con el mundo.)
2. Aparte del dinero, ¿qué es importante para alcanzar esos objetivos?
3. ¿De qué modo contribuye el dinero?

Solo así podremos aclarar la cuestión monetaria. Porque es entonces cuando vemos para qué necesitamos realmente el dinero. Es importante que anotes tus propias respuestas a estas preguntas.

Más tarde exploraré estos puntos con más detalle, pero antes quiero explorar cómo el método del «ingrediente» podría ayudarnos con el problema íntimo de cómo interactúa el dinero con el amor y el sexo.

2. La teoría de Jane Aus sobre el matrimonio

1. ¿Está el dinero conectado con el amor y el sexo?

Partiendo del método del ingrediente veremos que el dinero puede desempeñar un papel importante en el establecimiento de buenas relaciones con otras personas, y en tener éxito en el amor.

Tendemos a experimentar cierta incomodidad al mezclar las necesidades materiales con nuestras esperanzas espirituales y nuestros deseos románticos. Nos sentimos presionados a decir que no existe relación alguna entre ambas cosas. Tememos que sea ordinario pensar que tal vez existe esa conexión. Somos herederos de una tradición romántica según la cual no debemos preocuparnos demasiado por tales asuntos. Este modo de pensar centra la atención en los casos estrella: un chico pobre que es muy atractivo *versus* el hombre rico que es presuntuoso y vacío; una pareja arruinada pero feliz que contrasta con una pareja adinerada pero desdichada. No obstante, una de las más famosas novelistas románticas tenía un punto de vista mucho más pragmático de cómo debería el dinero relacionarse con el amor.

2. La respuesta de Jane Austen

A la larga, y para la mayoría de la gente, una saludable situación económica influye beneficiosamente en el amor (y, por añadidura, en el sexo, aunque Austen es demasiado refinada para hablar directamente de esto último). Por supuesto, no se trata de una ley natural, y hay excepciones.

La gran tentación es interpretar esto en el sentido inverso. Jane Austen no está diciendo que el dinero, por sí solo, proporcione amor y una vida sexual plena. Ella comparte la visión del dinero como ingrediente: puede ser muy importante cuando se combina con otras cosas positivas, pero por sí solo no conduce a ningún sitio. El personaje más rico de todas sus obras es el señor Rushworth, el terrateniente cretino de *Mansfield Park*. Su matrimonio es un auténtico fracaso.

Jane Austen considera que unas relaciones satisfactorias, estables y sólidas requieren varios cimientos adecuados, y solo uno de ellos es económico. También es bastante específica sobre la cantidad de dinero que la gente necesita. De hecho, en *Sentido y sensibilidad* une en matrimonio a Elinor Dashwood y Edward Ferrars. Juntos, los dos tienen unos ingresos de 850 libras al año, que es la cantidad más baja de entre todas las que ingresan sus heroínas casadas, aunque representa una buena cifra según los estándares de la época. Además, una parte significativa de la historia gira en torno al tema de si la pareja tiene bastante, y sobre la definición correcta de lo que es realmente «bastante». Se nos ha mostrado, a lo largo de la obra, que estos dos personajes tienen la personalidad y la calidad mental que les permitirá, con esos ingresos, obtener todo lo que desean.

El antihéroe de esta novela, Willoughby, tiene suficiente dinero para llevar un estilo de vida muy cómodo, pero es extravagante y derrochador. Cuando se enamora de verdad, de Marianne Dashwood, no puede casarse con ella porque se ha gastado todos sus bienes. Entonces, Willoughby tiene que buscar un matrimonio provechoso para recuperarse de sus deudas, y Marianne, desde un punto de vista económico, no es una buena opción. Para castigarlo como corresponde, Jane Austen lo empareja con una heredera dotada de muy mal genio.

Charlotte Lucas, la vecina de los Bennet en *Orgullo y prejuicio*, se casa con el acomodado señor Collins. Pero es imposible que mantengan una buena relación porque este carece de muchas cualidades necesarias.

Jane Austen está intentando enseñarnos una lección: el dinero es *necesario*, pero no *suficiente*. Y también nos advierte de que la cuestión de *cuánto* dinero se necesita es crucial. Ante la afirmación de que el dinero es importante, tendemos a interpretar que «cuanto más mejor». Pero eso no es en absoluto lo que dice Austen.

El método del ingrediente nos obliga a prestar atención a la proporción. Con la actitud correcta, una cantidad pequeña de dinero puede cundir mucho; con la actitud equivocada, ni siquiera una suma enorme servirá de nada.

Casarse solo por dinero no es en absoluto lo mismo que tomarse en serio la base económica de una relación. Pero ¿no va esto en contra de la idea básica de que deberíamos seguir lo que nos dicta el corazón cuando se trata de relaciones? Lo contrario suena a codicia.

Bueno, sí, suena un poco a eso. Pero esa es la conclusión a la que deberías llegar cuando analizas las relaciones. Las relaciones duraderas, suficientemente estables, suficientemente soportables, son logros complejos de los seres humanos. Tienen algo en común con la amistad y algo en común con una asociación empresarial.

Así pues, tu pareja dice: «Si no fuera por mi dinero, no querrías casarte conmigo.» Lo importante aquí es que ambos miembros de la pareja entiendan que un matrimonio es una empresa muy complicada. Una respuesta razonable sería: «Querría casarme contigo independientemente del estado de tus finanzas. Pero sería una decisión poco inteligente. No todo lo que me apetece hacer es, a largo plazo, una buena idea.»

Analízalo al revés. No toda buena idea es atractiva desde el punto de vista emocional. Podría ser una excelente idea que me casase con alguien que posea un atinado instinto financiero y unos activos sólidos, aunque la relación fuera un poco menos atractiva en otros aspectos.

El objetivo de una relación es que ambas personas prosperen juntas. Y dado que el dinero es un ingrediente crucial para prosperar, también lo es para el matrimonio.

3. ¿Qué hay del sexo?

Una imagen que resulta inútil para nuestro propósito es la del hombre rico pero ordinario que recibe las atenciones de una mujer bellísima solo por su dinero. Pero el dinero tiene otras conexiones, más positivas, con la felicidad sexual:

1. Para algunas personas, el dinero es un afrodisíaco. Esto no constituye ningún misterio. El dinero simboliza el estatus y el éxito futuro. Cabe suponer que estos ingredientes guardan relación con el apetito sexual.

2. El dinero compra lujo, privacidad y estimulación sensual. En las relaciones modernas, el comportamiento sexual está comprometido por la falta de tiempo y oportunidad. ¡Si pudiéramos ir a un hotel elegante, dejar a los niños con una canguro, conseguir las prendas de ropa y los cortes de pelo que nos hacen sentir bien con nosotros mismos...!

3. El dinero reduce la fragilidad de una relación. Cuando hay una inversión conjunta en buenos activos, es más difícil separarse (aunque, obviamente, no es imposible). Las parejas felices pasan por muchos episodios angustiosos en los que uno de los dos se siente

tentado a marcharse. Pero el dinero aporta una razón para permanecer que anima a la pareja a superar sus problemas temporales.

4. De un modo más especulativo, es posible que el hecho de tener más dinero haga que los individuos se muestren más indulgentes en relación con la naturaleza humana. En este contexto, una infidelidad ocasional o un placer furtivo no sería un gran problema ni un hecho particularmente traumático. (Pero, honestamente, ignoro si ese es el caso.)

Estas consideraciones contribuyen a explicar la importancia del dinero en el matrimonio. Entre los factores que pueden llevar al mal funcionamiento de una relación, la infelicidad sexual es uno de los de mayor relevancia; por tanto, cualquier cosa que ayude al sexo facilita la relación. La sociedad del matrimonio toma en cuenta una carga desigual de creación de riqueza: idealmente, una persona a la que se le dé muy bien crear riqueza se asociará con alguien que tenga facilidad para prosperar: tienen las capacidades y las virtudes que les permiten sacar provecho de las oportunidades tanto para sí mismos como para aquellos que los rodean.

Este es un buen arreglo porque da margen para cierto grado de especialización, al tiempo que amplía las ventajas. Así, ambas partes disfrutan de las ventajas tanto de la generación de riqueza como de la creación de prosperidad. Y esto sugiere que al buscar la pareja «correcta» no deberíamos tener miedo de tomar en consideración el dinero y las actitudes hacia la riqueza.

Mi propia experiencia me dice que las preocupaciones económicas pueden provocar conflictos terribles en las relaciones. Temo haber perjudicado en cierta medida a Helen por no haber conseguido más dinero. Y hay choques estilísticos: a mí me gusta ser derrochador; ella es mucho más moderada. De hecho, a mí me seduce la idea de ir a restaurantes sofisticados; ella prefiere otro tipo de establecimientos más modestos y familiares, como el que hay a la vuelta de la esquina, o tomar sopa de pollo en casa. (Y tratar estos asuntos resulta más difícil aún porque nuestros ingresos apuntan en direcciones opuestas a nuestros gustos personales: económicamente hablando, ella «merece» las servilletas almidonadas, mientras que yo no. Confieso que una parte de mí sigue resentida por ello.) A veces, todos queremos gritar: «¿Por qué no puedes ser más como yo?» Pero debo reconocer que habría sido fatídico si me hubiese unido a alguien que se pareciera a mí. Juntos, «la versión femenina de mí» y yo, nos habríamos hundido en un océano de deudas de la tarjeta de crédito. El precio de la salvación ha supuesto un conflicto. Pero el sufrimiento es aquí mucho menos grave que el que habría experimentado si me hubiera unido a alguien semejante a mí.

3. La envidia como educación

Well Walk, en Hampstead, es una de las calles más bonitas de los barrios del norte de Londres. En particular, me gusta el extremo de la calle más próximo a Hampstead Heath. Allí se nota la presencia del bosque y del prado, pero al mismo tiempo te sientes parte de una gran ciudad. Es una calle bastante estrecha; las casas son agradablemente variadas y están tan cerca las unas de las otras que se hacen buena compañía. Me encantaría vivir allí. Sueño con un gran apartamento de techos altos, a pie de calle, una biblioteca con estanterías elegantes, los dormitorios de los niños al fondo de un pasillo, un horno

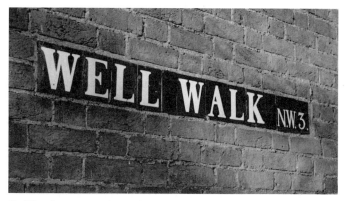

Envidio a la gente que vive aquí.

Aga en la cocina, un jardín con setos altos y un sendero de hierba, tener discusiones intelectuales con los amigos mientras compartimos una botella de vino blanco en las tardes de verano, descansar en un sofá enorme frente a la chimenea en invierno.

Este es un momento representativo en la historia particular de las experiencias relacionadas con el dinero. Ves algo que quieres de verdad, algo que conecta directamente con tu alma, con tu propio bienestar y con la prosperidad de la gente a la que más quieres. Resulta perturbador, porque te das cuenta de que no hay forma de que puedas conseguirlo.

En cierto modo, es un sueño muy bueno y razonable. Dejar a un lado los precios de las propiedades por un momento. Creo que lo que he descrito es un esbozo bastante decente de la felicidad familiar. No es algo avaricioso ni ostentoso. Estoy seguro de que a mi esposa y a mis hijos les encantaría mudarse allí. Ese tipo de entorno nos sentaría estupendamente.

Pero está muy, pero que muy fuera del alcance de mi actual situación económica. Imagino que necesitaría cinco veces mis actuales ingresos. Solo se trata de un proyecto concebible. Pero tendría que transformarme a mí mismo por completo en lo relativo a obtener dinero antes de que pudiera gastarlo de ese modo. Haría falta un tipo de profesión diferente, y una actitud distinta hacia el trabajo. Reciclaje, cambio de forma, riesgo y mucho tiempo.

Qué hacer con esta clase de experiencia

1. *Tomársela en serio*

Ocurre a menudo. Hojeo una revista y tropiezo con un artículo sobre una mujer que tiene: a) una exitosa carrera en los tribunales; b) dos hijos; c) ideas razonadas y críticas sobre política; d) una casa para pasar las vacaciones en Burgundy; e) un gusto espléndido para la ropa.

En el aeropuerto me entretengo observando a la gente. Envidio a) la aparente abstracción de alguien en un libro interesante; b) su sencilla serenidad y contención; c) sus maletas bonitas; d) su atuendo sencillo y elegante; e) el hecho de que una persona de aspecto atractivo se acerque y resulte ser su pareja; y f) que los dos juntos se dirijan a los asientos de la clase *business*.

En lugar de desechar este tipo de experiencia como simple fantasía, o de repetirla indefinidamente, deberíamos analizarla, aprender de ella. El hecho de no desecharla implica, para empezar, aceptar un poco de dolor. Me he imaginado algo realmente bueno y no puedo tenerlo. No voy a decirme a mí mismo que no es algo bueno simplemente porque no pueda tenerlo. Este sentimiento de rechazo emerge (de forma un tanto cruda) cuando desechamos cosas que son buenas como si fueran «lujos innecesarios» y «esnobismos».

Lamentarse resulta, en este punto, útil. Cuando una persona fallece, sabemos que tenemos que tomarnos en serio la tristeza. No fingimos que esa persona no ha muerto o que no importa. En un sentido menos intenso pero también importante, deberíamos lamentar la pérdida de otras cosas que amamos. Well Walk merece realmente mi amor, y uno debería entristecerse por lo poco frecuentes que son lugares así y por la pérdida de la vida que podríamos haber tenido allí (o por la vida que imaginamos si estuviéramos en un lugar como ese).

2. Respetar la distancia existente entre este tipo de experiencia y su vecina desde el punto de vista psicológico: la fantasía de los ricos

Si de repente tuviera un billón de libras esterlinas... me compraría una gran extensión de tierra en Perthshire y me haría construir mi casa perfecta: una versión más doméstica del palacio Blenheim, más pequeña y con un hermoso jardín en el patio principal. No llevaría a mis hijos al colegio, sino que los educaría en casa. Fingiría estar molesto cuando alborotasen por los salones o pasaran con sus bicicletas por en medio de la biblioteca, pero en realidad me deleitaría ver la libertad con la que se moverían entre cuadros de Monet y Poussin, y sonreiría cuando hicieran un arañazo en algún mueble. ¡Siempre podría comprar más! Tendría una piscina de piedra volcánica, un avión privado, un palacete en Venecia, un nidito de amor en Nueva York...

¿Cuál es la diferencia entre esto y el sueño de tener un apartamento en Well Walk? El palacio es pura fantasía. En realidad no tengo la más remota idea de lo que ocurriría si de pronto tuviera una fortuna inmensa; quizá me convirtiese en un monstruo avaro y sibarita. Es una diversión, un juego de escapismo. Su función es la de permitirme ignorar la realidad por un instante.

Pero la idea de Well Walk no es escapismo, aunque podría sentirme tentado a pensar que sí lo es. Pero tiene su parte útil (aunque sea difícil), pues habla de los verdaderos ingredientes de la buena vida. Si ponemos en el mismo saco la experiencia de Well Walk y la fantasía de la fortuna repentina, nos perdemos lo que la primera significa.

3. Ser creativo

En el caso de Well Walk, el guión ya está claro. Resulta obvio cómo se supone que debes utilizar los elementos que el guión aporta para tener una buena vida. Lo que interesa es la claridad y fiabilidad del guión. Por eso su atractivo es tan fuerte: porque puedes ver claramente cómo serías feliz en ese lugar, o por qué estaría bien ser como la pareja del aeropuerto o como la madre abogada.

La solución no puede ser copiarlos. Y esa no es la mejor forma de inspirarse a partir de las cosas que admiramos. Imagina el caso de un novelista que adora *Guerra y paz*, de Tolstói. Esta gran obra trata sobre el impacto que tiene la invasión de Rusia en 1812 por parte de Napoleón sobre un grupo de familias aristocráticas. Así que un novelista actual podría pensar: «Yo también debería escribir sobre eso.» Comienza a documentarse acerca de Moscú a principios del siglo XIX. Pero, con casi total certeza, ese no es el método correcto. Bajo la superficie, *Guerra y paz* es una obra inspiradora por el modo en que Tolstói penetra en el interior de sus personajes y por la calidez de los sentimientos que expresa. Y estas maravillosas cualidades pueden separarse del contexto histórico en el que se desarrolla la acción. En vez de copiar los aspectos superficiales, deberíamos intentar reproducir las virtudes que subyacen bajo esa superficie.

Lo que inicialmente atrae nuestra atención es el contexto histórico de la novela de Tolstói. Las maletas, el billete de clase *business*, la calle en Hampstead, la casa de vacaciones en Burgundy y la exitosa carrera de la abogada, son solo cuestiones que están en la superficie. No son realmente lo que deberíamos intentar reproducir.

Lo que importa es lo que se esconde detrás de ellas: la sensación de sosiego, la comodidad, las ideas de realización y competencia, de buena organización, y una cálida vida familiar. Nuestro novelista podría acabar escribiendo sobre un grupo de maestros de escuela en Glasgow en los años setenta. Y el libro podría recordar el estilo de Tolstói por su visión de los personajes y sus experiencias, sin necesidad de que aparezcan Rusia ni Napoleón.

Las cosas parecen tener un valor mayor cuando son respaldadas por otros, que les aportan distinción. Por tanto, en lugar de dejar que la falta de dinero te arredre, te conviene pensar de manera creativa en lo que ya tienes. No evites el sentimiento de envidia. ¿Acaso no tenemos todos fantasías del tipo «¡Oh, si viviera en esa casa o si tuviera esas cosas mi vida sería alucinante!»? Pero cuando analizas lo que realmente te atrae, muy a menudo resulta que no es el deseo de poseer una mayor fortuna, sino la idea de escapar de algunas de las penurias de tu vida actual; lo que te atrae es esa sensación de comenzar de nuevo y ser una persona ligeramente diferente y ligeramente mejor.

V. Creando un orden

1. Necesidad y deseo

El conocimiento de lo que realmente necesitamos es un tesoro. Aquí, la claridad alimenta la determinación: nuestras energías se centran mejor.

Por lo general, apelamos a la distinción entre necesidad y deseo para rebajar nuestras esperanzas y enfocarnos hacia metas más modestas (además de más razonables y accesibles). ¿Realmente necesitas una casa en la playa o un coche deportivo o una cena en un restaurante famoso de moda? No, son meros deseos. Son cosas atractivas, pero no necesarias. De ahí que, si queremos actuar con sabiduría respecto al dinero, deberíamos resistir el impulso de obedecer a nuestros deseos y concentrarnos, en cambio, en conseguir lo que necesitamos.

La necesidad está más profundamente ligada con la parte seria de la vida. «¿Necesito esto?» es una manera de preguntar: «¿Qué importancia tiene esto, qué relevancia posee en mi proceso de transformarme en una versión mejor de mí mismo, qué utilidad tiene en mi vida?» Esta pregunta está diseñada para distinguir las necesidades de los meros deseos. Y esa es una buena diferenciación que conviene realizar.

Pero es importante tener claro que esto no es lo mismo que diferenciar entre algo modesto y algo grande. Nuestras necesidades no se ajustan siempre a lo más pequeño, a lo inferior o a lo más barato.

Un buen violinista podría necesitar un arco carísimo. Se trataría de una necesidad y no de un simple deseo. Debería hacer hincapié aquí en que «necesidad» no significa que lo necesites para sobrevivir. El violinista necesita el arco porque ese objeto tiene un papel central en la existencia de esta persona en particular. El músico ha dedicado una gran parte de su vida a adquirir la destreza y la sensibilidad para las que un arco tan caro y refinado es un premio. Por lo tanto, este objeto vendría a ocupar un lugar importante y relevante en su vida. No se conocería bien a sí mismo si dijera: «Oh, es muy caro, en realidad no lo necesito.»

Así pues, no es preciso que puedas costearte algo para considerar que ese algo es una necesidad. Pero entonces, esto supone un motivo adecuado para conseguir más dinero. Idealmente, los ingresos correctos son aquellos que nos permiten hacer frente a nuestras verdaderas necesidades.

Cuando conseguimos entender la necesidad de este modo, queda patente cuál es el error de la gente que se dedica a perseguir lujos innecesarios. Esas compras no le ayudarán a desarrollarse o a prosperar. Esto no significa necesariamente que esos lujos no merezcan la pena, sino que el individuo en cuestión carece de la habilidad o la sensibilidad para utilizarlos adecuadamente.

La avaricia es uno de los términos más importantes en el vocabulario ético de nuestros días. La avaricia no es el deseo de tener más que el prójimo (aunque es así como suele emplearse este término). El hecho de aspirar a una casa bonita no es necesariamente una muestra de avaricia, si la quieres por lo bonita que es, aunque esto podría implicar desear algo mucho más caro de lo que mucha gente se puede permitir.

1. ¿Cómo diferenciar entre necesidad y deseo?

Para realizar esta distinción, primero hemos de preguntarnos de qué forman parte la *necesidad* y el *deseo*.

En el fondo, se trata de averiguar lo siguiente: ¿es sabio (inteligente, o importante de una forma práctica) que yo pretenda esto? Y tengamos en cuenta que la intensidad de nuestro deseo en realidad solo es un indicador aproximado (y a veces inadecuado) para responder a esta pregunta. ¿Dónde encaja este objeto en mi vida? ¿Qué papel debería desempeñar en ella? ¿Es importante o esencial en mi proyecto de vivir una buena vida y de ser una versión mejorada de mí mismo?

Pregúntate a ti mismo: «¿Hasta qué punto sería bueno para mí tener esto en mi vida?» En otras palabras, la distinción entre necesidad y deseo apela directamente a cuestiones sobre la identidad, la ética y el significado de la vida. No puedes pensar de un modo adecuado en el dinero a menos que consideres esas cuestiones seriamente.

Por poner un ejemplo, he estado mirando una mesa auxiliar del siglo XVIII en el escaparate de una tienda de antigüedades. En nuestra sala de estar hay un sofá frente a la chimenea, y a cada lado del sofá tenemos una mesita con una lámpara. Es una disposición que me agrada. Cuando tenemos invitados a cenar, empezamos tomando algo en esa habitación. Me gusta que sea una estancia elegante, bastante formal. Me parece que expresa una parte importante de mi carácter y que transmite algo muy profundo, una idea de cómo yo veo la vida. Proporciona nociones acerca de la vida social y de la conversación. Pero la cuestión es que las dos mesitas que tenemos no acaban de conjuntar. Una es bastante mejor que la otra. La que está en venta en la tienda encajaría mucho mejor con el estilo y el diseño de la sala de estar. Así pues, diría que necesitamos esa mesa. A pesar de que resulta completamente obvio que podemos vivir sin ella, creo que deberíamos tenerla. Hay algo importante que quiero hacer con esa mesa en mi vida. No se trata de una adquisición aleatoria. Forma parte de la idea de crear un entorno que exprese unos valores que me tomo muy en serio y según los cuales vivo.

De todas maneras, he decidido que no puedo permitirme ese gasto. Pero no quiero dejar de desearla. No quiero obligarme a creer que, puesto que no puedo pagarla, no importa si la tengo o si no la tengo.

Es importante entender que «necesitar/querer» no guarda relación con «básico/refinado» o con «barato/lujoso». Existen poderosas razones para esta disociación: «necesitar/querer» es

Necesito esta mesa, a pesar de que podría vivir sin ella.

una diferenciación psicológica que tiene que ver con la prosperidad individual y con la búsqueda de la versión mejorada de uno mismo; «básico/refinado» es una diferenciación relacionada con la complejidad de un objeto; «barato/lujoso» es una diferenciación en cuanto al precio y la demanda.

La estrategia que estoy recomendando, por tanto, es contraintuitiva (pero importante): tenemos que establecer en primer lugar nuestras necesidades, sin tener en cuenta el precio. Es perfectamente posible que no puedas permitirte ciertas cosas que necesitas. También es posible que sea una mala idea comprar algo aunque lo desees y puedas permitírtelo. De hecho, así es como se consiguen los recursos para los proyectos de mayor envergadura. Así, cada uno debería establecer una jerarquía interna, lo cual, en efecto, es una redacción, un informe sobre la prosperidad y el desarrollo propios tal como imagina que sucederán a lo largo de su vida.

2. Necesidades superiores, medias e inferiores

Es una auténtica fatalidad que en nuestra cultura las *necesidades* tiendan a ser asociadas con la supervivencia física. Dicho grosso modo: tenéis derecho a conseguir lo que necesitáis, mientras que obtener lo que queréis es una cuestión muy diferente.

Las necesidades pueden dividirse en tres clases:

Superiores Nobles/Intrínsecas	Medias Sociales/Comparativas	Inferiores Básicas
Lo que necesitas para prosperar como individuo, para ser la mejor y más auténtica versión de ti mismo.	Lo que requieres para obtener el respeto de la sociedad en la que vives, cosas relacionadas con dicha sociedad.	Lo que precisas para sobrevivir como ciudadano: alimentos saludables, cobijo, empleo.

Entre las necesidades superiores se incluyen: amistades, un objetivo en la vida, estilo personal, madurez emocional.

Entre las necesidades medias se incluyen: un trabajo bien remunerado, ropa de moda, viajes exóticos, relaciones con gente de alto nivel.

Una necesidad superior puede ser bastante difícil de describir y de identificar, puesto que es más compleja y elusiva. Pero sigue siendo una necesidad, es decir, sigue siendo vital para tu prosperidad. Sin embargo, muy a menudo subordinamos estas necesidades a exigencias más obvias.

3. Distinguir entre necesidades medias y superiores

Las necesidades medias de sociabilidad, de estatus dentro de la comunidad y de relación con otra gente (o sea, de formar parte de tu sociedad) suelen estar relacionadas con el dinero. En cierto modo, estas son, con frecuencia, las necesidades

más codiciadas. Precisamente es en este punto donde parece
que la felicidad y el dinero están relacionados, porque el dinero es el medio para conseguir más bienes de nivel medio.
Pero, irónicamente, esta clase de bienes están sujetos a lo que
podríamos llamar «un horizonte que se desvanece». Es decir,
a medida que vas consiguiendo más, cobras conciencia de lo
poco que tienes.

En su obra *En busca del tiempo perdido*, Marcel Proust nos
da el ejemplo perfecto: conoces a una persona aburrida y frustrante y te invade el deseo de asistir a una fiesta porque allí podrías encontrar a gente más entretenida. Al final, vas a la fiesta, pero la gente entretenida que hay en ella no te invita a
tomar parte en sus propias celebraciones. De alguna manera
consigues ir a uno de esos eventos, pero entonces descubres
que el anfitrión celebra almuerzos mucho más atractivos. Lo-
gras también ser invitado a uno de esos almuerzos, y allí te encuentras con la persona aburrida y frustrante con la que esta-
bas al principio.

El escalón trascendental para el desarrollo en la vida económica de individuos y sociedades es su capacidad de pasar de la
persecución de bienes de nivel medio a la de bienes de nivel superior. A veces necesitamos reducir nuestro apego a necesidades medias como el estatus y el *glamour* para poder concentrarnos en necesidades superiores. Esto no requiere más dinero,
sino una mayor independencia mental.

A menudo conseguimos las necesidades superiores por medios indirectos. Lo que realmente necesitamos es tiempo, espacio mental, comprensión y un cierto vínculo con la mente y la vida de otras personas.

4. Los costes indirectos de las necesidades superiores

Para leer *Mansfield Park* (por seguir con Jane Austen) o *Guerra y paz* no solo necesitamos un ejemplar de la obra, que puede obtenerse por muy poco dinero, sino también el tiempo necesario para dedicarnos a su lectura lenta y comprensiva, la posibilidad de acostarnos una hora antes, o de sumergirnos en la bañera o de sentarnos en una cafetería o en un parque y no estar inquietos y dando vueltas por la ansiedad. Y se requieren los recursos para entrar en contacto con el contenido del texto, porque estas obras literarias solo se identificarán con tus necesidades superiores si vinculas una gran parte de ti mismo con ellas.

Las necesidades superiores no son rimbombantes o pretenciosas. La necesidad de ser comprendido, de crear cosas que posean valor, de entrar en contacto con la vida interior de otros, de refinar las emociones propias: todo esto son preocupaciones de nuestro día a día. Y existen (siendo satisfechas o quedando pendientes para más adelante) mientras pasamos los días intentando satisfacer nuestras necesidades más obvias.

5. Necesidades superiores y estatus

Una casa elegante en un barrio igualmente elegante satisface una necesidad superior, aunque a menudo se confunde con una necesidad social de nivel medio. Las expresiones «pijo» y «esnob» iluminan con frecuencia esta confusión. Se refieren a pretensiones sociales, es decir, a un problema de necesidades medias. Una persona quiere sentirse socialmente superior, así que se compra una casa grande; quiere sentir que se relaciona con la gente del más alto nivel, así que va a un restaurante caro o compra entradas para la ópera; quiere ser considerado culto, así que colecciona obras de arte. Y al adjudicarle a esta persona las expresiones antes mencionadas, lo que estamos haciendo es criticarla diciendo que todo eso lo hace como una forma de obtener un mayor estatus. Y la crítica es correcta, en la medida en que eso es precisamente lo que está haciendo. Pero, por lo general, es un instrumento de ataque muy burdo. No tiene en cuenta que el vínculo con la ópera, el restaurante, la casa o las obras de arte puede ser dirigido por necesidades superiores. La base de la crítica es que las necesidades superiores siempre tienen que ver con el estatus. Y eso es falso, pero resulta complicado verlo así porque con mucha frecuencia la gente piensa únicamente en el estatus social al adquirir cosas que deberían satisfacer necesidades superiores. Pese a ello, la solución no radica en criticar esas cosas en sí mismas, sino en percibir más ampliamente las motivaciones en juego y en discernir una motivación válida de otra que no lo es. Y la clave para establecer esa distinción radica en tener clara la diferencia entre preocupaciones medias y preocupaciones superiores.

Es posible que la búsqueda de estatus sea un impulso inevitable de la naturaleza humana. En ese caso, deberíamos buscar la manera de reformar ese impulso en lugar de intentar eliminarlo, en vano. La reforma vincularía el estatus a las cosas correctas. No es un error admirar a alguien, o pensar que ese alguien es envidiable. Lo que debemos preguntar es por qué lo admiramos y qué es lo que envidiamos. Si una persona tiene un estatus elevado porque es inteligente, generosa, sensible a la belleza y porque saca lo mejor de los demás, entonces no hay duda de que su estatus es bien merecido. Si envidiamos esas cualidades e intentamos adquirirlas, entonces la envidia está desempeñando un papel productivo en nuestra vida. Pero si concebimos el estatus en función de la tarjeta de crédito que una persona posee, o dónde estudió o qué tipo de coche conduce, entonces el estatus no tiene que ver con el mérito. Por lo general, consideramos que la envidia es un sentimiento corrosivo que debemos evitar. Pero puede ser un sentimiento valioso, siempre que sirva para indicarnos cuál es la dirección correcta.

El estatus es un fenómeno social: existe porque, en los grupos, la gente tiende a mirar hacia arriba o hacia abajo, a admirar o a desdeñar. Algunos individuos son considerados por el colectivo como el mejor tipo de persona, y otros como personas que no llegan a ese nivel. Sin embargo, la distribución del estatus puede variar en gran medida. En un grupo burdo y mezquino, el estatus será establecido de un modo horrible. La persona más gamberra, más insensible y agresiva será la que posea un estatus más alto. En un grupo serio y refinado, el estatus reflejará los méritos propios de cada individuo.

Esto implica la extrema necesidad de encontrar la compañía adecuada. Como individuos, no podemos controlar los procesos de asignación de estatus de sociedades enteras. Sin embargo, en los grupos a los que elegimos pertenecer sí tenemos la esperanza de encontrar, o de crear, una buena distribución del estatus.

La ansiedad relacionada con el estatus alimenta las preocupaciones económicas. Por sí mismo, el estatus no es positivo ni negativo. Todo depende de en qué se basen las señales indicativas de ese estatus: puede variar desde algo extremadamente superficial (la marca del coche, el color del pelo) hasta algo profundo e inteligente (la comprensión, la amabilidad). Nuestra obligación para con nosotros mismos y para con otras personas es intentar cambiar el principio básico según el cual se asigna el estatus, llevándolo desde el extremo superficial hasta el extremo profundo del espectro. Y a medida que avancemos en este propósito, descubriremos que nos preocupamos menos por el dinero y que dedicamos nuestros pensamientos a lo que en realidad debe ocupar nuestra atención: el fundamento de la buena vida.

2. ¿Cuánto dinero necesito?

Intenta describir lo que de verdad necesitas para llevar una vida próspera, incluyendo tomar responsabilidades por otras personas. Es importante que seas lo más explícito posible al hacer este ejercicio. No tiene que ver con el coste de las cosas.

El deseo de ser realistas nos lleva a prescindir de ciertas opciones incluso antes de haber tenido tiempo para meditar a conciencia en ellas y de decidir qué versión de esas opciones podría ser viable. En otras palabras, tendemos a ser realistas sobre lo que nos podemos permitir. Pero antes deberíamos ser realistas sobre lo que necesitamos.

En realidad, se produce un proceso de apreciación que permite identificar cuáles son los elementos fantásticos y cuáles los reales; esto lleva su tiempo, pero puede conducirnos a mejoras cruciales en el conocimiento propio o colectivo. Así pues, para la mayoría de la gente, no tiene sentido alguno decir «Necesito un avión privado», porque, aunque sería muy divertido, no hay mucha gente que de verdad necesite viajar con frecuencia a toda velocidad para prosperar.

Ahora intenta poner un precio a esas cosas que necesitas para tener una vida próspera.

A continuación te muestro un desglose de los niveles de gastos (en euros) para la prosperidad de mi familia. Es un intento de averiguar cuánto dinero necesitamos realmente mi mujer y yo, año a año.

Necesidad	Propósito	Mínimo (€)	Verdadera Necesidad (€)	Ideal (€)
Un lugar adecuado para vivir	Una casa bonita (nos gustan las de estilo antiguo, que sean suficientemente grandes); con una buena situación para ir al trabajo y cerca de un colegio	22.000 (como coste anual)	45.000	101.000
	Mantenimiento anual y obras de mejora	800	4.000	8.000
	Mantenimiento del jardín y mejoras	Hacerlo nosotros mismos	2.000	6.500
	Contenido (cuadros, antigüedades, electrodomésticos)	Vale con lo que ya tenemos	10.000	40.500
	Servicios (seguro, teléfono, electricidad, agua, internet)	5.000	5.000	8.000
	Impuestos a la propiedad	520	1.000	1.500

Necesidad	Propósito	Mínimo (€)	Verdadera Necesidad (€)	Ideal (€)
Viajar (que no sea por motivo de trabajo)	Viaje familiar a Europa (billete de clase económica, alquiler de alojamiento)	No hacer el viaje	19.500	69.000
Deporte y actividad física	Matrícula y mensualidades del club de tenis, yoga, pilates, clases de vela	1.600	4.000	4.000
Educación de los niños		4.000	19.500	19.500
Ahorro para futura educación de los niños		1.600	16.000	69.000
Juguetes para los niños		400	1.600	1.600
Ropa		800	2.800	10.000
Comida y bebida		5.600	8.000	20.000
Comer fuera	Y canguro	No salir	2.000	4.000
Aportaciones al plan de pensiones		Dejarlas para más adelante	18.000	81.000
TOTAL	Ingreso requerido (descontados los impuestos)	42.320	158.400	443.600

En lugar de intentar recortar gastos, el propósito aquí es ser lo más exacto posible acerca de lo que uno necesita para su propia prosperidad, aceptando la posibilidad de que no pueda permitirse ciertas cosas que realmente necesita. Es doloroso. Cuando miro el desglose anterior, me desespero. Nos encontramos mucho más cerca de la columna de «Mínimo» que de la de «Verdadera Necesidad», y la columna «Ideal» nos queda muy lejos. Pero el objetivo de este ejercicio no es la autohumillación. Pretende ser una comprobación sobria de la realidad. Con esta idea en la mente, podemos plantearnos qué es lo que verdaderamente necesitamos hacer para acercarnos en lo posible a ello.

Quiero mencionar un par de casos en los que gente que conozco ha ajustado su modo de vida para que refleje sus necesidades. No se trata de que ahora gasten menos, sino de que han concentrado sus gastos en lo que es más importante para ellos.

1. Derek y Jasmine

Derek y Jasmine siempre se han sentido fascinados por la arquitectura. Pero no es solo que les guste contemplar edificios o leer revistas de interiores. Quieren vivir en edificios atractivos desde el punto de vista arquitectónico. En Londres, eso quedaba completamente fuera de su alcance, así que hace unos tres años tomaron la gran decisión de mudarse a la Francia rural.

Estaban intentando encontrar un lugar donde pudieran vivir en una casa verdaderamente grande, dado lo bastante limitado de sus ingresos.

La mudanza fue difícil en algunos aspectos, porque implicaba dejar a algunos amigos, y Derek tendría que cambiar de empleo. Estaban apostando por el autoconocimiento. Decidieron que para ellos era realmente importante vivir en una casa grande y antigua, con un huerto. Cerca de Londres, eso habría costado millones de libras. En Normandía, el precio era radicalmente inferior. Pero ellos tenían la convicción de que ese tipo de entorno les resultaba imprescindible y que debían intentar conseguirlo, aunque eso significase abandonar otras cosas.

2. La familia Jenning

Los Jenning decidieron dejar de celebrar la Navidad y los cumpleaños para poder disfrutar de unas vacaciones verdaderamente atractivas. Fue bastante duro para sus hijos, pues tuvieron que sobrellevar muchas situaciones incómodas en sus respectivos grupos de amigos: nunca tenían una bicicleta nueva, ni ninguno de los artículos o juguetes que suelen aportar un cierto estatus y que sus amigos sí tenían. La apuesta, en su caso, se basaba en la idea de que pasar tiempo juntos recorriendo Escocia o visitando Turquía tendría un efecto mayor en su prosperidad colectiva que el hecho de recibir montones de regalos.

En cada uno de estos casos se produjo un compromiso con algo que costaba mucho dinero. Derek y Jasmine y los Jenning se preguntaron firmemente: «¿Qué es lo realmente importante para nosotros: hacer o tener?» Deberíamos dejarnos guiar por su ejemplo:

Primero pregúntate a ti mismo: A largo plazo, ¿cuáles son las actividades, experiencias y pertenencias en las que debería concentrarme? ¿Qué es más importante, las vacaciones o los regalos? ¿Qué importa más, el tipo de casa en la que vivo o dónde está situada? Entre todas las cosas que quiero, ¿cuáles son las más relevantes para mi prosperidad? (Deberíamos clasificar estas cosas como necesidades.)

Después pregúntate: ¿Cuáles de las cosas que deseo son, en realidad, menos relevantes para mi bienestar a largo plazo?

Tomar estas decisiones puede resultar doloroso, pues requieren la relegación de ciertos deseos y la certeza de no hacerlos realidad. Pero ese es el precio de concentrar los recursos económicos en los puntos más importantes.

3. Precio y valor

Un problema que encontramos en el proceso de asignar un precio a las cosas es que hay muchas de ellas que carecen de un precio específico. Supongamos que para ti es muy importante vivir en espacios hermosamente amueblados. ¿Qué precio tiene eso? Bueno, en parte depende de tu habilidad para encontrar y comprar objetos que te gusten. La misma cómoda podría costar cuatro veces más en una tienda que en otra.

El *precio* es una cuestión pública, una negociación entre la oferta y la demanda. El precio de una cosa se adjudica por competencia. Así pues, el precio de un coche se determina según cuánto lo quiera la gente, cuánto esté esa gente dispuesta a pagar y cómo de preparado esté el fabricante para venderlo. Es una actividad pública: hay mucha gente involucrada en el proceso, pero tu opinión casi nunca es tenida en cuenta para poner el precio.

El *valor*, por otro lado, es un juicio personal, ético y estético asignado finalmente por individuos y fundado en su percepción, sabiduría y carácter.

¿Cuánto valor produce una cantidad dada de dinero? ¿Cuál es su «valor de retorno»? Sabemos que esto varía muchísimo. Algunas personas son capaces de transformar cantidades relativamente pequeñas de dinero en experiencias maravillosas. Se

No te preocupes por una alfombra; cómprate una camisa bonita; no
amontones cosas; ten mucho cuidado al pintar las paredes.
Wilhelm Ferdinand Bendz, *Los hermanos del artista*, c. 1830.

toman unas vacaciones estupendas, celebran reuniones o fiestas estupendas, poseen cuadros interesantes y te gustaría robarles los muebles. Y lo hacen con un presupuesto menor de lo que imaginas (o con un presupuesto con el que ni tú ni otras personas podríais hacer lo mismo que ellos). Se trata de personas con recursos. Su propósito general no es ahorrar.

Los secretos de estas personas de recursos son los siguientes:

1. Saben lo que es importante para crear una experiencia y lo que no lo es. Por ejemplo, en una cena festiva la mayoría de la gente no se preocupa por la marca del vino, siempre y cuando sea bebible.

2. No siguen las modas, que incrementan los precios. Juzgan los objetos, las ideas y a las personas por sus méritos intrínsecos, en lugar de por su estatus o por lo que otros piensan.

3. Tienen buen gusto: saben distinguir lo que les gusta de verdad y por qué les gusta, lo cual les permite identificarlo en lugares y casos menos obvios.

4. Son creativos: ven el potencial de algo y no les asusta responsabilizarse de ponerlo en práctica. Tienen el don y la iniciativa para hacerlo.

Estas cualidades (que no se enseñan directamente en las clases de economía) tienen una importancia crucial en nuestra vida económica.

El dinero es (digámoslo otra vez) un medio de intercambio. Necesita ser transformado o intercambiado por valor. Pero el intercambio es a menudo un arte, y —solo a veces— una ciencia. Este arte conlleva sabiduría e inteligencia para conseguir las cosas que te importan. Por ejemplo, ¿qué cuesta una cena festiva? ¿O una habitación bonita? ¿O un buen cuadro? ¿O ropa atractiva? Estas cosas no tienen un coste fijo, puesto que dependen de nuestra creatividad, de nuestro ingenio y de nuestra capacidad para pensar de forma independiente.

Supongamos que en este momento te estás diciendo: «Todo eso está muy bien, pero yo no soy tan creativo.» No creo que la cuestión consista en tener el ojo de un decorador de interiores o de un crítico de arte. Lo que necesitamos es llevar a cabo un proceso realista. Haz una selección de imágenes que te gusten, imágenes que hablen de ti. A continuación, pregúntate: ¿qué transmiten realmente estas imágenes? Por ejemplo: yo siempre había querido tener un juego de té antiguo. Pero no podía permitírmelo. Entonces vi una fotografía de una casa bastante desordenada, con una gran mesa sobre la que había montones de tazas viejas, cada una de un juego distinto. El desorden no resultaba atractivo, pero me permitió percatarme de que el conjunto no era tan importante, y reparé en el hecho de que las tazas y los platillos son mucho más baratos si se adquieren de forma individual. Y ahora, unos diez años más tarde, tengo una pequeña colección de piezas individuales. Es un ejemplo minúsculo, por supuesto, pero ilustra el proceso del que hablamos. Las pistas están por todas partes. Lo que tenemos que hacer es prestarles atención.

Permíteme que ponga un ejemplo a mayor escala. Hace poco había una casa cercana a la nuestra en venta. Es bastante diferente a la nuestra. Nosotros vivimos en una construcción antigua que ha sido reformada en varias ocasiones; no se ajusta al patrón actual de casas en venta. No puede considerarse «luminosa y soleada»; no tiene una «enorme cocina *office*»; no es «el sueño de todo buen anfitrión» (aunque sin duda hemos celebrado algunas cenas estupendas). De vez en cuando, percibimos alguna que otra mirada compasiva por parte de nuestros vecinos.

La casa que estaba en venta no es bonita; es más o menos del mismo tamaño que la nuestra y tiene un jardín más pequeño. Pero (para proseguir con el lenguaje inmobiliario) cumple todos los requisitos y necesidades. Se vendió por un cincuenta por ciento más de lo que vale nuestra casa. La diferencia equivale a mis ingresos de varios años. En cierto modo, es solo un golpe de suerte. Nos encantan ciertas peculiaridades (los extraños recovecos y rincones, los inesperados cambios de nivel, los toques de grandiosidad arquitectónica) que restan valor a nuestra casa en el mercado. El hecho de descubrir que la nuestra no alcanzaría el precio de la otra no le resta valor a nuestros ojos.

4. Ansia y miedo

Mi padre solía guardar todos sus documentos financieros en un escritorio con tapa corredera. Cada cierto tiempo me lo encontraba abriendo la tapa y metiendo dentro un puñado de sobres rasgados y papeles arrugados. En los cajones inferiores había montones de facturas, formularios oficiales, cartas manuscritas y listas, comprobantes sellados, hojas rasgadas de libros de notas. Yo era consciente de la vergüenza y la culpa que sentía mi padre al añadir otro montón de papeles a aquel desorden.

Yo daba por hecho que era fácil guardar esos expedientes en perfecto orden. A la edad de catorce años (con un ingreso anual de 26 libras esterlinas, sin impuestos ni facturas que pagar y nada directamente relacionado con el dinero por lo que tuviera que sentirme avergonzado o temeroso), mantenía un registro bien definido de mis gastos ocasionales.

Estas son las primeras líneas del mes de octubre de 1980:

de septiembre		tengo	20,75 £
día 3	50 peniques del abuelo	ahora tengo	21,25 £
día 6	comprado *Piensa como un Gran Maestro*, 2,99£	me quedan	18,26 £
día 10	50 peniques del abuelo	ahora tengo	18,76 £

Mis ojos se deleitaban en esas pocas líneas. La letra era hermosa. Sin embargo, ahora conozco demasiado bien el laberinto de pesadilla en que se ha convertido mi propio cajón «financiero»: lo abro siempre con angustia y desesperanza. Nunca seré capaz de encontrar la información o los documentos que necesito. Cuanto más urgente es el asunto, más nerviosa es la búsqueda y más revueltos están los montones de papeles. Entro en una espiral descendente. Mi vida está arruinada. Estoy lleno de rabia y desesperación. Me entran ganas de arrojar montones de papeles por la ventana y someterme a los desastres que acarreará este hecho: divorcio, penurias y prisión.

Pero ¿por qué? ¿Por qué me resulta tan difícil mantener un sistema de registro simple, claro y manejable? ¿Por qué no puedo ofrecerme a mí mismo una visión clara de dónde me encuentro, adónde voy, cuánto he gastado, cuánto he ahorrado (o cuánto debo)? ¿Me resulta aburrido aclarar las cosas, guardar registros, archivar documentos o rellenar formularios? ¿Soy simple y llanamente vago? En principio, me gustan bastante las tareas repetitivas, definidas y meticulosas. Tengo que obligarme a mí mismo a dejar de hacer un sudoku tras otro y paso mucho tiempo organizando de manera exagerada las piezas de los puzles (me gusta ordenarlas según su forma). Cuando juego al Monopoly, tengo la manía de mantener mi dinero y las tarjetas del juego en perfecto orden. Por tanto, aunque mi primera reacción (y la de mis allegados) es la de culparme a mí mismo por ser vago, e insistir en seguir con ello a pesar de que sea aburrido, la pereza y la tendencia a aburrirme con facilidad no son en realidad las causas de mis dificultades. La pereza y el aburrimiento son síntomas, no causas.

La causa es esta: psicológicamente, afrontar esa cuestión en particular me produce una sensación de peligro, del mismo modo que uno retira instintivamente la mano de un calientaplatos eléctrico. Nos retiramos psicológica, imaginativa y espiritualmente de las cosas que, a nuestro entender, pueden dañar nuestra alma. Dicho de otra manera, el miedo es una sensación profunda e importante. Tiene que ser superado, pero no podremos hacerlo si lo interpretamos de forma incorrecta.

Me da miedo organizar mi cajón «financiero», del mismo modo que me dan miedo las alturas. Sé que no debería tenerlo, pero la sensación que produce ese miedo es idéntica a la que produce el miedo real. La persona que sufre de vértigo siente que está a punto de caer y morir, por más que se encuentre en lugar seguro. Se trata de una experiencia verdaderamente terrorífica.

La solución que me sugiere mi fantasía es (exasperante pero lógicamente) la del dinero. Me sentiría mejor en mi relación con el dinero si tuviera más dinero. Pero no puedo obtener más dinero porque me siento mal en mi relación con el dinero. El caos es el resultado de una mala relación con el dinero. Y la confusión y la ansiedad que acarrea el caos no hacen más que empeorar la situación. Aunque hoy en día no se toma en consideración, una tarea básica del arte es la de ayudarnos a enfrentarnos y superar nuestros problemas espirituales en la vida cotidiana.

Yo sentía muy poca lástima.

A primera vista podría parecer que el poeta romano Virgilio no es la figura más adecuada a la que dirigirnos en busca de ayuda. En los primeros años del Imperio romano (cuando Augusto gobernaba), Virgilio escribió una serie de poemas sobre agricultura, las *Geórgicas*. Estos poemas son un manual de instrucciones donde se detalla cuándo arar la tierra, cómo cuidar las abejas y cómo cultivar las viñas. Su importancia, en lo que nos atañe, radica en la forma en que Virgilio muestra la dignidad, el encanto y la bondad de las dificultades menores pero preocupantes, y las actividades humildes y rutinarias de la gestión de recursos. Es un libro para los que no son granjeros, para los que piensan que podrían aburrirse o dejarse llevar por la pereza, y que se sienten intimidados ante la perspectiva de tener que pensar de forma simultánea en todas las actividades diferentes que se engloban en la agricultura.

Esta es su estrategia: es posible disfrutar de algunas de las tareas, dice, por sí mismas, y con este propósito las separas de sus consecuencias. Con este mismo espíritu, el escritor alemán del siglo XVIII, Johann Wolfgang von Goethe, hablaba de la belleza de la contabilidad por partida doble. Pretendía dirigir la atención no a los ingresos o los gastos, sino al método de consignación. La ventaja espiritual de esta tarea aparentemente tediosa es la de que permite exactitud. Virgilio escribía como un hombre que estaba en la cima cultural de su ciudad: poseía una gran dosis de *glamour* y una gran carga moral y emocional. Y utiliza esa posición en sus escritos para dirigir nuestra atención hacia lo que pueden parecer cuestiones prácticas de poca importancia, qué hacer cuando llueve, por ejemplo: contar los sacos de grano, tejer cestas, reparar el arado, moler maíz. Mezcla instrucciones muy prácticas con discusiones sobre los dioses y el significado de la vida. Las cuestiones más ínfimas se mezclan con las grandes. Tanto es así que al llevar a cabo tareas menores uno puede ver cómo y por qué está contribuyendo a algo genuinamente bueno. Virgilio consigue que una tarea banal deje de parecer algo inútil.

Podríamos suponer que si aislamos una tarea y la apartamos de nuestra vida, la hacemos más manejable. Creo que este es el significado del escritorio cerrado de mi padre. Las tareas irritantes, tediosas e incómodas pueden ser apartadas para que no contaminen el resto de nuestra existencia. Virgilio y Goethe adoptan el punto de vista opuesto. Ellos fijan su atención en actividades banales, difíciles y repetitivas, y las sitúan en el centro de nuestro concepto de nosotros mismos.

En uno de los poemas, Virgilio habla sobre el ritmo de la tarea. Es otoño:

> *[...] para los labradores, el trabajo es cíclico,*
> *como lo son los años al volver por sus mismos pasos.*
> *Cuando ya se despoja la vid de sus hojas más tardías,*
> *y el frío aquilón desnuda los bosques de su verdura,*
> *entonces el activo labrador extiende sus cuidados al año venidero,*
> *y se da a podar con el corvo diente de Saturno la vid, un momen-*
> *to desatendida,*

y la compone y la limpia.
Sé el primero en cavar la tierra,
sé el primero también en echar a la lumbre los sarmientos podados
y en llevarte a la alquería los rodrigones;
mas sé el último en vendimiar...
Eso hace que el trabajo sea duro.

Ninguno de los consejos de Virgilio facilita la tarea a la que se refiere. Lo que está haciendo el poeta es dignificar esa labor al conectarla con los aspectos más grandiosos de la existencia. Escribe sobre mitología y sobre las estaciones del año y sobre religión local, describe la sabiduría y la previsión del buen granjero, su devoción hacia todos los pasos necesarios para cultivar la tierra.

Aquí hay un paralelismo crucial con la labor constante que supone mantener un registro financiero correcto. Podríamos atender a un Virgilio actualizado que nos habla del ritmo del año financiero: *[...] Ahora que las últimas golondrinas se marchan y los primeros vientos del invierno sacuden tu tejado, ahora es el momento de zambullirte en tus recibos del banco y tus facturas. Durante el camino a casa, al salir del trabajo, echa un vistazo en una tienda de segunda mano y compra dos cajas de madera de tamaño suficiente para guardar en ellas folios DIN A4. Y llégate también, cuando el sol se ponga, a una papelería y hazte con unas carpetas separadoras del color de la esperanza. Cena temprano y dispón todas las hojas de papel en la alfombra delante de ti. Sepáralas, del mismo modo que los dioses separan a los justos de los injustos, en dos pilas. Ordénalas por fechas. Trabaja despacio. Y cuando hayas concluido, ofrece un brindis a Apolo, que gusta de la claridad y el orden. En la segunda noche, consagra tu mente al cálculo. En la tercera, dedícate a rellenar formularios. De este modo extiendes tu trabajo uniformemente durante la estación entera.*

Virgilio dignifica la enseñanza: asume que eres una persona culta, interesante, sensible, reflexiva; es decir, una persona normal. Y afronta su trabajo no como alguien que nos reprende o que nos da la lata hasta que cumplimos, sino como un poeta y un filósofo.

A fin de cuentas, se trata de cultivar un arte, una de las artes políticas de menor rango: el arte de las finanzas domésticas. Al decir que es un arte, apuntamos a la idea de que existen múltiples motivos y gratificaciones. Existe una estética del orden, una belleza física que está conectada con la pulcritud y la claridad, como la belleza de la tabla periódica o la elegancia de una ecuación matemática, o la corrección de una nota en una sonata. Es una belleza clásica.

Considero de crucial importancia distinguir la tarea de ordenar tus finanzas de la tarea de enfrentarse a ellas, porque se trata de actividades psicológicamente muy diferentes. Tienes que abordar la organización como si estuvieras ordenando una colección de conchas, o de postales, o los papeles de otra persona.

En cuanto a enfrentarse a ellas, creo que el mejor método es hacerlo de forma gradual, por etapas. Simplemente, no es posible solucionarlo todo a la vez. Es algo que no ocurrirá. Pero lo mismo sucede con otras tareas, como la de aprender un idioma, o la de aprender a tocar un instrumento musical, o la de practicar un deporte. Existe el peligro de mirar el todo demasiado pronto y demasiado fijamente, con lo cual corremos el riesgo de que nuestros esfuerzos se petrifiquen y nuestros logros iniciales caigan en saco roto.

En sus obras, Virgilio intenta eliminar la distancia entre lo que tenemos que hacer y aquello que suscita nuestro orgullo por haberlo hecho. Cubre las actividades ordinarias con un manto de encanto y *glamour* cultural para que resulten más atractivas, más como tareas con las que quieres que te asocien. Esta es la marca de una cultura positiva y útil: nos ayuda a *disfrutar* cuando llevamos a cabo lo que es importante y positivo para nosotros.

VI. Cómo hacer dinero y al mismo tiempo ser una buena persona

1. Tener y hacer

Al comienzo de este libro sugerí que una de las concepciones típicas en relación con el dinero parte de la idea de que es una especie de virus (véase página 12). Se trata de una preocupación de ámbito general y social, pero puede manifestarse en forma de un miedo muy personal: «A menos que venda mi alma, no seré capaz de ganar lo suficiente para cubrir mis necesidades.» Cuando me pregunto a mí mismo cuánto dinero necesito para disfrutar de una vida próspera (y no solo para ir tirando), las cifras que se me ocurren son alarmantemente grandes. ¿Cómo puedo conseguir esa cantidad?

Pongámoslo de otro modo: si hago caso a lo que me dicta el corazón, en lo que se refiere al trabajo, temo que no seré capaz de conseguir lo suficiente para llevar la vida que considero adecuada para mí.

Una versión de esta preocupación se forma en las mentes de los padres cuando escuchan a sus hijos hablar de sus esperanzas sobre la vida adulta. La escena viene a ser algo así:

NIÑO DE SIETE AÑOS: Voy a tener cinco Land Rover y un helicóptero y dos piscinas y una cama elástica gigante y...

PADRE: Eso es estupendo. ¿Y cómo vas a poder pagar todo eso? ¿Vas a tener un empleo?

NIÑO: Sí, voy a conducir el autobús escolar.

Esta escena es producto de la inocencia infantil. A su edad, ignoran la relación entre lo que haces y la compensación económica que percibes por ello. El niño de siete años piensa que cuanto más divertida es una actividad, más cosas positivas se derivan de ella. La esencia de su esperanza es: «Quiero ser recompensado espléndidamente por pasármelo bien.» Por eso la mayoría de los escolares escoge entre sus empleos favoritos los de ser una estrella del deporte o una supermodelo. El deseo, en sí mismo, es natural. Desafortunadamente, el éxito en cualquiera de esos campos requiere grandes dosis de habilidad natural o de suerte.

Y si añadimos una nueva escena al diálogo entre padre e hijo, surgen preocupaciones de otro tipo:

NIÑO DE SIETE AÑOS: Voy a ser agente inmobiliario.

PADRE: ¿Por qué?

NIÑO: Porque son los que ganan más dinero.

Un interrogatorio más intenso lleva a la conclusión de que la elección del niño está basada en una idea muy simple sobre el tamaño: cuanto más grande sea lo que vendes, más dinero debes obtener. También es una elección guiada por la creencia de que el dinero equivale a felicidad. Y nos damos cuenta de que el niño ha llegado con cierto disgusto a la conclusión de que ser un ladrón de bancos es demasiado arriesgado, pese a resultar altamente lucrativo. Pero también hay cierto patetismo en la inocente creencia de que lo único que importa en la vida laboral de una persona es cuánto dinero obtiene por ella.

Estos episodios de la infancia son importantes, porque los niños imaginan un mundo fundamentalmente más simple de lo que nosotros sabemos que es. En esos mundos solo hay que solucionar un problema. Haz lo que te gusta, y serás rico; consigue un buen sueldo, y tu alma estará satisfecha.

Lo que nos encontramos en la realidad es la necesidad de solucionar dos problemas simultáneamente. Precisamos obtener dinero suficiente (para satisfacer nuestras necesidades reales) y al mismo tiempo necesitamos hacer cosas que nos ayuden a dar sentido a nuestra identidad y a satisfacer nuestro profundo deseo de ser alguien y de contribuir a un bien colectivo. Puedes escaparte, es cierto, si no te preocupas por ser alguien ni por contribuir al bien colectivo. Y puedes escaparte si no te preocupas por tener mucho dinero. Pero un montón de gente se preocupa por estas dos cuestiones.

Existen razones bastante profundas por las que deberíamos preocuparnos de manera simultánea por «tener» y por «hacer». Ambos factores están conectados con la prosperidad.

Lo que hacemos con nuestras vidas, obviamente, es básico

para definir quiénes somos. En lo que empleamos nuestra energía mental, en lo que ponemos nuestros recursos emocionales, en lo que desplegamos nuestro valor, nuestro atrevimiento o nuestra prudencia o nuestro compromiso: todo ello son partes de suma importancia en nuestra existencia e, inevitablemente, están muy conectadas con el empleo y con la obtención de dinero. Y necesitamos esas partes de la existencia para encontrar una dedicación adecuada en las actividades que merecen nuestros mejores esfuerzos. No queremos reservar nuestras mejores habilidades para lo que se encuentra en los márgenes de la existencia.

De igual modo, como ya he señalado anteriormente, no es una frivolidad pensar para qué necesitamos dinero. Las oportunidades y posesiones que nos otorga el dinero son, al menos a veces, muy importantes para nosotros.

A menudo, aunque inconscientemente, tenemos una imagen de la relación entre satisfacción y ganancia similar a esto:

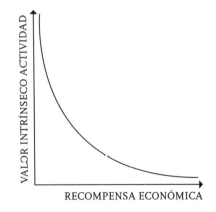

Piensa en el director de fondos de protección que recibe un sueldo enorme por hacer algo que parece no tener un mérito intrínseco. O piensa en el profesor de primaria que ayuda a un niño tímido a sentirse más seguro pero recibe un salario modesto por una tarea tan importante y positiva.

Por si sirve de algo, en un sistema económico ideal, utópico, la relación sería así:

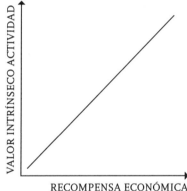

A nivel individual, uno intenta encontrar el modo de que esto suceda en su propia vida. Pero este propósito individual es también un servicio público, puesto que el valor intrínseco no es solamente lo que resulta bueno para mí, sino lo que es realmente bueno. Querer ganar mucho dinero no es señal de avaricia, si aspiras a ello como recompensa por realizar actividades que son genuinamente beneficiosas para el prójimo.

Cuando me mudé a Londres a finales de los años ochenta,

parecía que todo el mundo estaba haciendo mucho dinero, excepto yo. Acababa de terminar mis estudios universitarios de filosofía. No sabía qué hacer con mi vida. Compartía una habitación minúscula (dos metros y medio de largo por uno y medio de ancho) con mi primo, en un apartamento en una zona de mala muerte al sur del río. De vez en cuando trabajaba de camarero; la impaciencia de los clientes cuando yo me estaba esforzando al máximo y cuando el retraso de los pedidos no tenía nada que ver conmigo, me hacía llorar de rabia.

Empecé un doctorado, con lo que mis deudas aumentaron. Después de las clases, solíamos ir a tomar una cerveza. Lo malo es que eso, con frecuencia, significaba que me gastaba el dinero para el billete de metro y tenía que volver a casa andando y recorrer kilómetros y kilómetros de decadencia urbana. Mi amigo Chris, que estaba obteniendo brillantes resultados en sus estudios sobre Nietzsche, consiguió un trabajo a tiempo parcial como repositor en Harrods. Me contó el comentario irónico que le había lanzado su hermano: «Tanto conocimiento sobre el significado de la vida y aquí estás, asegurándote de que las etiquetas de los tarros de mermelada resulten visibles.» Lo que estaba haciendo su hermano era señalar, de un modo bastante brutal, que ciertos méritos no tienen una fácil conexión con las exigencias de la economía. Chris quería más dinero. Pero aparte de eso también quería vivir en un mundo en el que hubiera una mejor salida (un mejor mercado, podríamos decir) para su talento.

Existe una sensación general de que por más que el «capitalismo» sea un sistema deteriorado, tendremos que convivir con él durante un período de tiempo muy largo. A menudo parece un sistema muy cruel y, sin embargo, no hay una alternativa clara. Esto produce desesperanza. Por eso quiero analizar algunas formas de que podamos sentirnos un poco más esperanzados en cuanto al panorama general.

Las preocupaciones personales y las generales están conectadas. Todas ellas se enfrentan al mismo problema: parece demasiado difícil combinar la prosperidad financiera y el hecho de ser una buena persona. Nos preocupa que no podamos conseguir ambas cosas.

2. Lo que Rex entendió mal y otras lecciones

La gran tarea a la que debemos enfrentarnos es averiguar cómo combinar la búsqueda de provecho, individual y colectivo, con la persecución de algo más valioso. ¿Es posible ganar dinero al satisfacer las necesidades más altas de la humanidad?

La respuesta a esta pregunta radica en replantearse algunas de las causas de beneficio y transformarlas desde su uso para satisfacer necesidades de nivel básico y medio, y comprender cómo podrían aplicarse para remediar las necesidades del alma.

De paso, prestar atención a las causas de beneficio contribuye a desmitificar los modos en que se obtiene dinero. En general se considera que la riqueza se acumula por explotación, que algunas personas hacen dinero porque se lo arrebatan a otras. (Esta creencia procede del mito de que la riqueza es causa de pobreza.)

Para realizar esta tarea, podemos hacernos a nosotros mismos las siguientes preguntas: ¿qué formas de hacer dinero te tocan el alma?, ¿qué es lo que realmente ocurre en esos casos?

A modo de ilustración, aquí tenemos cuatro ejemplos:

1. La lección de la Tarjeta de Suerte

En la versión del Monopoly a la que solemos jugar, hay una Tarjeta de Suerte en la que pone «Compras una acuarela en el mercado de Camden y la vendes, obteniendo una enorme ganancia. Recibes doscientas mil libras.» La tarjeta es el reflejo de una de las ideas más básicas de cómo ganar dinero.

En el puesto del mercado, rodeado de cachivaches, sin la firma de su autor y sin marco alguno, el pequeño trozo de tela pintada carece de los rasgos obvios de todo objeto deseado y valioso. Pero el ojo experto puede reconocer los rasgos primarios del valor económico: un estilo particular, la calidad de la ejecución. Con un marco elegante, con una plaquita anunciando un nombre famoso, en una silenciosa y opulenta galería de Mayfair, cualquiera puede darse cuenta de que va a tener un precio elevado.

Así pues, una virtud relevante es la falta de prejuicios: no juzgues las cosas según su entorno, sino por lo que son en sí mismas. Es decir, replantéate muchas costumbres sociales. El dinero se hace, por tanto, al recolocar ese objeto junto a importantes rasgos secundarios de valor.

La otra virtud, aquí, es la de entender cuál sería el contexto correcto. ¿Qué necesitas hacer con el objeto para que su valor resulte obvio a más gente? En el ejemplo de la galería, la respuesta a esta cuestión ya ha quedado patente. (Por supuesto, este proceso tiene su opuesto moral en la charlatanería, pues

Un tesoro de valor no cuantificable.

en esta los rasgos secundarios de valor son desplegados pese a
que no existe un valor real.)

2. Lo que Rex entendió mal

Hay un capítulo en la novela de Evelyn Waugh *Retorno a Brideshead* en el que el protagonista, Charles, está viviendo en París
y sale a cenar con Rex Mottram, un miembro del Parlamento
tosco y proclive a las aventuras financieras.

Rex es quien invita a la cena y van al restaurante favorito de
Charles. En cierto sentido, todo es perfecto. A Rex le gusta la
comida, pero entonces piensa en lo mucho más rentable que
sería el negocio «si alguien se ocupara de sacarle pleno rendi-
miento». Sabemos lo que eso significaría. Las verdaderas virtudes del establecimiento se perderían; se transformaría en un
lugar ostentoso y estrafalario, los precios se dispararían; se do-
blegaría a las exigencias de la moda y los rumores. A Charles
no le gusta la idea. Y, de ese modo, uno se siente tentado a brin-
dar por Charles y pensar que la comercialización es el enemigo y que esta forma de proceder es propia de gente insensible
y odiosa como Rex. El miedo es que, para comercializar algo,
tienes que abaratarlo y degradarlo. Lo que resultaba elegante e
íntimo se convierte en un objeto del mercado de masas. Y, obviamente, esto es un peligro real.

Pero también es posible elegir otra senda. Tal como se presenta en la obra, el restaurante es adecuado en muchos aspectos. Y a todas luces, es mucho mejor que muchos otros locales. Así, la persona que piense igual que Charles querría que hubiese más restaurantes como ese. Querría que un local así fuese algo normal, en lugar de algo poco común. Pero si preguntamos por qué es poco común, la respuesta será: no hay mucha gente que sepa ofrecer este tipo de servicio. En el trasfondo de este tema está el conocimiento de cómo lograr que ese restaurante sea tan atractivo, cómo hacerlo sutil y bonito, cómo diseñar un menú y mantener la calidad, cómo crear un ambiente que invite a la gente a ser elegante, a mostrarse como versiones más atractivas de sí mismos.

Y deberíamos desear que ese tipo de conocimiento se extendiera y tuviera más influencia en el mundo. El proceso de comercialización pasa por averiguar cómo esas buenas cualidades pueden fructificar en más lugares. ¿Cómo podría, por ejemplo, esa clase de inteligencia guiar la gerencia de un bar o un hotel? Para mí, el ejemplo de *Retorno a Brideshead* es importante porque se me quedó clavado en la mente durante mucho tiempo. Yo creía que la comercialización era algo propio de los Rex que pueblan el mundo. Así que nunca me pregunté cómo podían competir las cuestiones que me importaban de un modo efectivo en el mundo. Sin darme cuenta de ello, adopté una perspectiva trágica. Creí entender que el beneficio era el enemigo, y eso era otorgarle poder e importancia a todo aquello que no me gustaba.

Inconscientemente, di por hecho que lo bueno no puede ser también provechoso; las mejores películas perderían dinero; la más alta poesía no se vendería bien. La calidad y la significación requerirían, por tanto, un subsidio del gobierno para existir. Deseaba que los políticos interviniesen en el mercado e hicieran posible un lugar seguro para la belleza y lo verdaderamente importante. Más tarde comprendí que la política es un mecanismo muy pobre para alcanzar este propósito. La política refleja las preocupaciones más relevantes de una sociedad, la mente de los políticos ambiciosos tienen que concentrarse en ganar elecciones, y eso significa atender las preocupaciones de grupos de votantes cuidadosamente elegidos. En un sentido amplio, la principal preocupación de la política es la prosperidad de la belleza, la bondad y la verdad, lo cual significa que se trata de una gran tarea colectiva. Pero las restricciones del proceso político impiden que los gobiernos lleguen a convertirse en ángeles poderosos que instauren esos ideales. En tales circunstancias, aquellos que desean ver la prosperidad de tales virtudes tienen que aceptar el desafío de los mercados en los que se desarrolla la cultura. Y el nombre de ese compromiso es comercialización.

3. La lección de la Fundación Landmark

Deberíamos dejarnos inspirar por la Fundación Landmark, que se estableció en la década de los años ochenta en el Reino Unido y ahora opera también en Francia, Italia y Estados Unidos. La idea inicial fue el deseo de salvar y preservar edificios hermosos e interesantes que de otro modo quedarían en ruina y serían demolidos. Por lo general, son edificios que no poseen un valor arquitectónico o histórico tan importante como para que quede justificada una intervención del Estado que los preserve como parte del patrimonio nacional. El objetivo de la fundación era comercializar esos edificios: es decir, transformarlos en experiencias que podían venderse a un precio suficientemente alto para cubrir su mantenimiento.

En este caso, el objeto que se vende (la experiencia de pasar unas vacaciones en alguno de esos edificios) está muy bien. Los edificios son decorados y amueblados de un modo a un tiempo sencillo y elegante. El miedo sería que al organizar y vender paquetes de vacaciones, la integridad y el encanto de esos edificios se vieran sacrificados. En lugar de eso, la fundación estaba organizada de manera tan inteligente que conseguía conservar el valor intrínseco de los edificios, y eso es precisamente lo que se ofrecía a la venta. Han encontrado la manera de hacer que algo bueno prospere en el mercado.

El término «mercantilización», muy relacionado con el anterior, es con frecuencia utilizado también en un sentido peyorativo para referirse a un proceso que deberíamos lamentar. Pero, en realidad, a lo que deberíamos resistirnos es a una mala mercantilización. La mercantilización es simplemente el proceso de transformar algo que no resulta vendible y darle una

La mercantilización y la búsqueda de beneficios dio lugar a esto.

forma en la que pueda ser cuantificado y evaluado, y, por tanto, vendido. Cuando la ciudad de Edimburgo creció dando lugar a lo que se llama Ciudad Nueva, más o menos entre 1785 y 1825, se «mercantilizaron» solares edificables y diseños de edificios. Podías comprar una participación en una porción de tierra con derecho a construir una casa de un nivel específico y muy definido. Y estas participaciones podían ser divididas y vendidas. Pero en ese caso, la mercantilización no se tradujo en la corrupción espiritual de la nación ni en la destrucción de la belleza a causa del comercio. Por el contrario, fue la base económica que permitió la construcción de algunas de las plazas, paseos y calles más hermosas del mundo.

En este caso, el nivel de clasificación de los edificios se correspondía con unas ideas excelentes sobre arquitectura urbana. Quizá los arquitectos tuvieran una suerte histórica: la clasificación y la normalización estaban en manos de dirigentes políticos excepcionalmente civilizados, que combinaron el gusto por la elegancia con el don por las finanzas.

Lo malo de la mercantilización no es que exista una uniformidad de los niveles de calidad, ni un mercado en el que se comercie con grandes cantidades de algo. Lo realmente malo es que los niveles de calidad y la cantidad del producto con el que se comercia no reflejan nuestro mejor entendimiento del valor de lo que está en juego. Una habitación estándar de hotel, por ejemplo, suele carecer de alma. Pero eso sucede porque la habitación ejemplifica los aspectos descarnados del alojamiento.

Con una mayor habilidad, la habitación podría ejemplificar la sencillez y la intimidad.

4. La lección de Henry Ford

«Industrialización» es el nombre que asignamos al proceso por el cual el trabajo que llevaban a cabo muchos proveedores independientes es reorganizado para dar lugar a economías a gran escala. En los primeros tiempos de la producción automovilística se seguía la secuencia clásica de la industrialización. Al principio había muchas empresas pequeñas y cada una hacía unos pocos coches. Henry Ford reorganizó la producción para que pudiera fabricarse un gran número de coches de manera más eficiente y, por tanto, pudieran venderse mucho más barato.

El romanticismo nos lleva a tener prejuicios a favor de las empresas pequeñas. En consecuencia, consideramos la industrialización como un hecho un tanto sombrío en lugar de algo que deberíamos buscar en relación con nuestras aspiraciones más nobles. Entendemos que resulta aceptable para la producción de coches, pero no para las relaciones interpersonales.

Cojamos, por ejemplo, la psicoterapia. Actualmente hay muchos productores a pequeña escala. Hay diversas escuelas de psicoterapia, muy diferentes en cuanto a calidad, cada una con su propio programa de formación. Los psicoterapeutas ofrecen sus servicios en sus propios hogares o consultorios. La imagen pública que tiene la psicoterapia es la de un proceso un tanto misterioso de utilidad poco clara. A los psicoterapeutas se los asocia con hábitos excéntricos a la hora de vestirse y comportarse. La parte más organizada de esta profesión enlaza con la medicina y trata (del mismo modo que tiende a hacer la medicina) solo con problemas extremos. La psicoterapia es cara, un poco embarazosa, lenta y poco fiable.

No obstante, analizándola con la suficiente distancia, la psicoterapia es una actividad humana de gran importancia. La premisa básica es que un amplio número de gente sufre por problemas de su vida interior. Arruinamos nuestras relaciones, nos sentimos desgraciados al pensar en nuestra vida, saboteamos nuestras esperanzas y nos sentimos improductivamente enfadados. «Con la moral por los suelos» y «la vida es un asco» son frases que hablan sobre nuestra condición habitual. Podemos funcionar e ir tirando, pero deseamos mucho más que esto. Y el principio que guía la psicoterapia es que se puede suministrar una ayuda verdadera. Si podemos encontrar la forma correcta de dirigirnos a nuestro ser interior, lograremos aliviar esos problemas. Podremos mantener relaciones más satisfactorias, tomar mejores decisiones sobre la dirección de nuestras vidas y hacer un uso más constructivo de nuestras capacidades.

Cabría aplicar el método de Henry Ford (y el modelo Ford T) a las necesidades de nuestra vida interior. Se podría proporcionar a los psicoterapeutas una mejor formación y una más amplia investigación si existiera una previsión laboral más segura. La percepción pública mejoraría si hubiera recursos para anunciar, para hacer que estos temas tuvieran impacto en la cultura popular, si las oficinas de consulta fuesen más elegantes y el estatus y el carácter de los psicoterapeutas, más refinados. Y sí, sería posible ganar más dinero. Es una cuestión de escala y organización. Esa es la sabiduría de la industrialización.

5. La lección de Aristóteles

Al comienzo de la *Ética a Nicómaco*, Aristóteles plantea la relación básica de medios y fines. «Todo arte y toda investigación, y, de modo similar, toda acción y toda elección están dirigidos a un fin.» De ahí que no resulte posible entender adecuadamente una actividad o una investigación si no se conoce a qué fin está dirigida.

Necesitamos entender el fin para comprender de forma adecuada cuáles deberían ser los medios.

Muy a menudo, las actividades están organizadas en más de una etapa. Aristóteles lo explica con un ejemplo que ahora nos resulta extraño, pero, por supuesto, estaba hablando sobre una gran industria tecnológica de su época. «La habilidad para hacer bridas o cualquier otra parte de una gualdrapa para caballos pertenece al arte del manejo de los caballos, mientras que este y cualquier otro tipo de acción militar pertenece a la ciencia militar.» Y la propia ciencia militar forma parte de la política: la ciencia más amplia e importante de las buenas sociedades.

La lógica del argumento es clara: una buena brida es la que facilita el óptimo manejo del caballo, en términos de lo que la gente quiere o necesita hacer con estos animales. Pero el manejo del caballo está en gran media sujeto al arte de la estrategia militar. Lo que es lo mismo, en este contexto, que decir que la habilidad para dominar un caballo equivale a la capacidad para participar de un modo efectivo en actividades militares. Pero aquí no es el jinete el que define la «efectividad». Es el arte de la estrategia militar el que identifica lo que se necesita de la caballería. Por otra parte, la propia estrategia militar está sujeta al arte de la política. Es decir, el motivo de la lucha es obtener nuevos fines, y esos nuevos fines no son la habilidad bélica en sí, sino la seguridad y la prosperidad de un Estado, lo cual no pertenece a la estrategia militar, sino a la política.

Todo esto se resume en que, en cada etapa, es preciso preguntar: ¿cuál es el bien al que se está sirviendo?, ¿cómo debe ser esta cosa para que nos resulte verdaderamente útil e importante?

Cabe destacar que Aristóteles piensa en el «fin» u objetivo como en un bien. ¿A qué bien apunta la actividad o la investigación? Por eso es tan importante para la ética esta cuestión, pues la ética busca el conocimiento de lo que es bueno. Y por eso, también, las cuestiones relativas al dinero son siempre cuestiones relativas a la ética.

Aristóteles está desarrollando un tema de gran relevancia para los proyectos del ser humano que ha sido adoptado como parte del pensamiento empresarial bajo el conciso nombre de «integración vertical», con el que se hace referencia a que diferentes empresas suministran de manera simultánea varios componentes para un mismo propietario. Realmente, la idea procede de Aristóteles, aunque en el modelo del filósofo griego no se trataba de trabajar para un magnate industrial, sino para un ideal superior.

Un área que necesita desesperadamente este tipo de integración vertical es el arte. Actualmente, las personas se definen como «interesadas en el arte». Entonces van a una escuela de arte, desarrollan sus ideas y más tarde intentar realizar exposiciones. Las galerías de arte buscan obras que puedan venderse e intentan promocionar a artistas. Los coleccionistas siguen su propio instinto y, por la razón que sea, apoyan la carrera de ciertos artistas al comprar sus obras. Llega un momento en el que las instituciones públicas respaldan y canonizan a unos cuantos artistas otorgándoles una gran importancia. Durante ese proceso se desarrollan varios mecanismos publicitarios (reseñas en periódicos, entrevistas en revistas especializadas y demás). En algún punto de ese contexto se llevan a cabo debates sobre la naturaleza y el valor del arte.

Pero si lo comparamos con el modelo de Aristóteles, este sistema es caótico. Se presta muy poca atención a la cuestión principal: ¿a qué bien sirve realmente el arte, y cómo podemos potenciar al máximo el suministro de ese bien? Si estas preguntas obtuviesen respuesta, las galerías y las escuelas de arte tendrían un objetivo definido que podría, a su vez, configurar el ingreso de alumnos en las escuelas de arte.

¿Qué sacamos en claro de estos ejemplos y análisis? No pretendo dar consejos sobre cómo planificar un negocio. A fin de cuentas, esto no es una guía sobre cómo ganar dinero. Uno puede muy fácilmente sentirse aplastado ante el éxito de los demás, y, por tanto, es muy útil tener clara una diferencia importante, que es la que estos ejemplos indican: es posible hacer dinero de maneras muy buenas. Así pues, siempre deberíamos preguntar *cómo* obtuvo una persona su dinero, y no solo *cuánto* tiene. Cuando la riqueza se ha obtenido sirviendo los intereses más altos de la humanidad, deberíamos considerar a los dueños de esa riqueza como amigos (en nuestra imaginación, me refiero). Para ser crítico con muchas de las formas de enriquecerse no hace falta ser crítico con el dinero en sí.

Todo esto está relacionado con un tema básico de la vida, pero tengo la impresión de que no se le presta suficiente atención. Se trata de cómo nos posicionamos nosotros mismos en relación a los éxitos y fracasos económicos de los demás. Muchas veces hablo con gente que se declara a favor o en contra del dinero. Pero he descubierto que al analizar casos como los que he expuesto anteriormente, he conseguido una sensación de solidez interior. Sé cuándo y por qué admiro la creación de riqueza. Y eso me da libertad para mostrarme crítico cuando conviene, sin sentirme amargado por ello.

Hay otro beneficio que también me gustaría mencionar. En mi empleo, tengo que pensar cómo un departamento académico, concebido como un ente no comercial, puede aumentar sus ingresos. Muchos de mis colegas lo consideran una miserable capitulación. Pero ya hemos visto que hay formas de llegar al mercado y buscar un beneficio que pueden ser actividades nobles. Esto nos sirve para cambiar nuestro punto de vista. No tenemos que aceptar el consejo de alguien como Rex Mottram; estamos intentando parecernos un poco a la Fundación Landmark.

No es una ingenuidad pensar que se puede buscar un beneficio y al mismo tiempo hacer algo que sea inherentemente bueno. No resulta fácil, pero eso no importa, porque el trabajo consiste precisamente en ir resolviendo complicaciones.

VII. Mi lugar en el panorama general

1. Los problemas de los ricos

Lo bien o mal posicionado económicamente que te sientas depende de con quién te compares. Pasear por el Upper East Side de Nueva York me hace sentirme pobre, mientras que darme una vuelta por un suburbio o un vecindario pobre puede resultar extrañamente terapéutico. Esto ocurre porque solemos rehacer la visión que tenemos de nosotros mismos según el entorno en el que nos hallemos en ese momento.

Puesto que el deseo de poseer riqueza es prácticamente universal, y casi siempre supone una frustración, es extremadamente importante, como individuos y como colectivo, tener presentes los problemas y complicaciones de los ricos.

Tendemos a no hacer esto porque pensamos: «¿Por qué habría de sentir lástima por ellos?» Pero no se trata de hacer justicia moral con esas personas. Se trata de equiparnos a nosotros mismos para una vida en la que no seremos ricos, pero en la que tampoco desearemos infructuosamente serlo.

1. Los problemas de herencia

La riqueza heredada viene acompañada de los lazos equivocados: «Yo te lo di; incluso desde la tumba controlo tu vida, y de-

bes evaluar tu existencia según mis parámetros; poseo tu alma»,
una especie de «envidia de los ancestros». El nivel de lo que se
considera un éxito se encuentra realmente elevado.

Los que son ricos por herencia son propensos a sentirse cul-
pables. La pregunta «¿por qué yo?» no deja de surgir en su mente, si son personas juiciosas (y el hecho de no ser juicioso también constituye un problema, aunque de otra naturaleza). No
existe una respuesta inequívoca; es puro azar que esa persona
fuera concebida por sus padres. No se han «ganado» su fortuna
y, por tanto, sienten que no tienen derecho moral sobre ella.

Estas personas son los blancos naturales de la envidia. Con-
tinuamente se encuentran con gente que piensa: «Tú lo has tenido fácil, mientras que el resto de los mortales nos hemos visto obligados a esclavizarnos.» La envidia guía nuestra voz para
decirle al heredero: «Te odio; quiero lo que tú tienes; tú no deberías tenerlo; yo debería tenerlo; deberías sentirte angustiado
y culpable, pero si yo tuviera lo que tú tienes sería feliz.» Y saber que eso es lo que los demás sienten hacia ti debe de resultar muy perturbador.

Entonces, ¿cuál es la respuesta? ¿Cómo debería sentirse una
persona que ha heredado una fortuna?

1. Muchas cosas buenas están distribuidas de modo
    desigual sin que exista una razón humana para ello:
    atractivo físico, gestas deportivas; buena salud; un
    temperamento ecuánime; habilidad y apetito mental;

facilidad de trato, sociabilidad e ingenio; padres inteligentes y afectuosos... La herencia económica solo es un factor entre muchos otros, no se trata de un caso especial.

2. Puesto que no tuviste nada que ver en la adjudicación de tu herencia, deberías intentar no sentir que te la has ganado.

3. Serás juzgado injustamente por otra gente. Pero esto forma parte de la vida; no es algo que ocurra simplemente a causa de una herencia. Es algo habitual y se aplica a los casos de herencia tanto como a cualquier otra cuestión.

2. El problema de la envidia

Conviene reparar también en que la riqueza no impide que quienes la poseen sientan envidia. Hay una anotación extrañamente llena de emoción en el diario de Chips Channon, un americano rico perteneciente a la alta sociedad londinense, en la década de los años treinta. Vivía en una casa de una belleza exquisita, celebraba cenas opulentas y llevaba lo que parecía, desde el exterior, una vida encantadora y sin preocupaciones.

Channon menciona haberse alojado en una casa sobrecoge-

El hombre que vivió aquí...

... se sintió enfermo de envidia cuando se alojó aquí.

doramente majestuosa, Mentmore Towers, que era propiedad de los Rothschild: «Estoy, me temo, enfermo de envidia.» (Sufría una resaca y puso de manifiesto su hostilidad rompiendo en pedazos la jofaina dorada que había sido hecha para las abluciones del emperador Napoleón.)

La cuestión es muy simple: a pesar de todo lo que tenía, Channon fue presa de la envidia más desesperada. Aquí, la lección que debemos aprender es que el dinero no libera a la gente como pensamos que debería hacer. Si podemos interiorizar esta lección y tenerla siempre presente, funciona como un escudo de seguridad psicológico: «Los ricos sufren. Por lo tanto, su riqueza no es una solución a mis problemas.»

3. El problema del despilfarro

El dinero en grandes cantidades elimina las barreras que limitan la acción. La persona que posee una riqueza segura puede hacer lo que se le antoje. Y con frecuencia esto lleva a la infelicidad (por muy horrible que parezca, es así). La relación existente entre deseo y prosperidad es muy imperfecta. El deseo está dirigido al placer, mientras que la consecución de una buena vida depende del bien que creamos. Y la posibilidad de obtener cualquier deseo que se nos ocurra es enemiga del esfuerzo, la concentración, la dedicación, la paciencia y el sacrificio que son necesarios para conseguir objetivos que merecen la pena.

La persona que puede permitirse salir a comer todos los días y beberse dos botellas de champán tiene que contenerse si quiere disfrutar de una buena vida. Así pues, cada día tiene que luchar contra la tentación. La idea de salir a comer y beber champán resulta en un primer momento muy atractiva. Pero no conduce a ninguna parte. Podría subirse todos los días a un avión e ir adonde quisiera, pero ¿con qué propósito? «Esta noche dormiré en Venecia. No, París es muy bonito, quizá debería ir allí.» Pero nada es suficiente. «Mi avión privado es demasiado pequeño. No acaba de gustarme la forma de mi isla privada. Quiero tener una familia feliz y veintitrés amantes. Si alguien no me cae bien, quiero destruirle, y puedo hacerlo. El gobierno se ha propuesto quitarme mi dinero. No confío en mis abogados ni en mis asesores financieros: solo les interesa lo que puedan sacarme.»

4. El problema de conseguir menos de lo esperado

Consideramos a los ricos personas de éxito (al menos a los que han conseguido su riqueza por sí mismos). Pero esto no es del todo correcto. Hacer dinero no es más que el primer paso.

Históricamente, la riqueza se ha utilizado de formas magníficas. Y los logros verdaderamente valiosos tienen que ser evaluados empleando como baremo lo que otros han hecho con su dinero. Un hombre rico hizo esto:

¿Qué poderes, tanto económicos como imaginativos, se combinaron para construir este edificio?

Esta biblioteca, ahora convertida en sala de lectura, ha soportado el examen del tiempo y ha sido fuente de inspiración (un símbolo de la unión de la belleza y la sabiduría) para un gran número de personas. Para construirla, hizo falta dinero, por supuesto. Pero también hizo falta mucho más que eso. Muchísima gente tiene dinero más que suficiente para hacer algo así, pero no lo hace. Sus logros no son comparables a sus recursos.

Hoy en día, el equivalente a la Radcliffe Camera podría no ser físicamente tan majestuoso, pero debería poseer una belleza de otro tipo. Por supuesto que existen ejemplos magníficos de filantropía. Y ese es un problema para los ricos. Deberían situarse a la altura de semejantes ejemplos filantrópicos, pero, con frecuencia, ellos mismos saben que no lo hacen.

La lección que cabe extraer de aquí no es que debamos sentir lástima por los ricos. En lugar de eso, deberíamos intentar cultivar algo que a Jane Austen le habría resultado muy atractivo: nuestra propia dignidad.

Quizá la escena más famosa de *Orgullo y prejuicio* sea aquella en la que Elizabeth Bennet desestima la primera petición de matrimonio del señor Darcy. Al rechazarlo, Elizabeth está catalogando los problemas de los ricos. El señor Darcy es orgulloso de un modo egoísta; cree que puede conseguir todo lo que quiera; menosprecia a la familia de Elizabeth (que merece cariño); y considera que le está haciendo a ella un gran favor, yendo en contra de su propio criterio, al pasar por alto sus diferencias sociales. Al percibir los fallos de Darcy, Elizabeth conserva de manera brillante su propia dignidad. El problema no es su fortuna como tal: a ella no se le ocurriría ni en sueños menospreciarlo simplemente por el hecho de que tenga mucho dinero.

2. Las virtudes de la pobreza

Aquellos que han sido capaces de encontrar la realización sin dinero pueden enseñarnos lecciones inesperadas. Puesto que el miedo a la pobreza es tan grande y está tan extendido, deberíamos educarnos como individuos y captar colectivamente el bien potencial de la pobreza. Con esto no pretendo ignorar los sufrimientos que causa la pobreza, al contrario, es una respuesta a nuestra angustia incesante. Tener un poco menos de miedo a la pobreza sería liberador.

¿Qué puede haber de bueno en la pobreza? ¿Hay algo que podamos aprender de ella, sin vivir necesariamente la experiencia de ser pobre? Esto suena extraño, pero en el pasado ha habido gente que apreciaba la pobreza (no el hambre, ni la humillación o la angustia, sino la indiferencia con respecto a las posesiones y el rechazo a la propiedad). San Francisco de Asís, por ejemplo, pensaba que la pobreza voluntaria era algo positivo. «San Francisco... por encima de cualquier otra cosa, aborreció el dinero», escribe uno de los autores de *Espejo de perfección*, el relato del siglo XIV sobre la vida del santo. En este libro se narra un episodio notable: un día llegó un peregrino a la iglesia en la que se alojaba Francisco y dejó en el altar, como ofrenda, una moneda de oro. Uno de los monjes tiró la moneda por la ventana, pero eso no fue bastante para san Francisco. «Él le instó a que recogiera la moneda con la boca y que la pusiera en la boñiga de un asno. Y todos los que lo vieron y escucharon sintieron un gran miedo y de ahí en adelante despreciaron el dinero más que la boñiga de un asno.»

Esta actitud de intenso odio hacia el dinero es la manifestación de toda una visión de la vida. Las posesiones materiales y el prestigio son considerados no solo como carentes de importancia, sino también como terriblemente peligrosos: son vistos como inherentemente corruptos.

Así pues, ¿qué beneficios podríamos obtener de esta clase de ascetismo?

1. Librarnos de la obsesión y de la preocupación por lo que ganamos y por lo que gastamos. Pero esto requiere tener en cuenta las demás cosas en las que deberías centrar tu atención. San Francisco amaba la pobreza porque amaba algo más: lo natural y lo sencillo. Quería dedicar toda su mente a formar parte del orden natural, que consideraba una creación de Dios. Sus modelos de ser ideal eran un pájaro, una flor, la luz del sol. El amor a semejantes cosas no es una manifestación de propiedad.

2. Una percepción más refinada. Al distanciarse del ruido y de la competición del mundo, uno puede ver a

la gente y las cosas tal como son. En uno de los primeros poemas de Samuel Johnson, «Londres», se encuentran algunas observaciones muy acertadas: el poeta advierte que puesto que los hombres disfrutan echando humo dentro de sí mismos, hay edificios en los que la arcilla se transforma en tubos (pipas) y campos en los que se cultiva tabaco; y puesto que mucha gente piensa bien de sí misma si se coloca objetos brillantes en la cabeza (está hablando de pendientes), otros se pasan la vida excavando el suelo buscando cosas que reflejen la luz de un modo poco común (diamantes), mientras otros tienen pequeñas casetas en las que intercambian esas cosas por pedazos de metal (oro). El poeta percibe la extrañeza que subyace en la mayoría de las actividades del mundo. Y esa percepción, establecida cuando era pobre, le convirtió en un gran pensador.

3. Independencia. Si no te preocupan las cosas que otra gente quiere, tus razones son verdaderas. A los antiguos romanos les encantaba la historia de Cincinnato, quien, a pesar de ser un gran soldado, llevaba una vida de extrema sencillez, arando él mismo los campos y alimentándose únicamente de pan. En una época de alarma nacional, se le concedieron poderes como dictador temporal. Una vez que hubo

derrotado al enemigo, se encontró en posición de obtener grandes riquezas, pero regresó a su estilo de vida frugal. Los romanos lo consideraban el modelo del hombre incorruptible, porque no había nada que los demás pudieran ofrecerle que le hiciera desviarse de lo que él consideraba correcto. No podía ser comprado. Y, por tanto, podía confiársele un poder sin restricciones.

¿Qué podemos aprender de tales ejemplos? Ciertamente, el mero hecho de ser pobres no garantiza que vayamos a reunir ninguno de estos beneficios: no se obtienen de forma automática solo porque haya ausencia de dinero. Más bien dependen de una condición voluntaria: una disposición a renunciar a las cosas que la mayoría de la gente anhela. Esos beneficios se consiguen al no temer a la escasez de dinero. Y dependen también de algo más: seguridad interior. Cincinnato podía vivir sin ninguna de las recompensas que se suponía que eran el verdadero objetivo del éxito, porque él centraba su atención en otra cosa. Podría decirse que poseía una seguridad interior que, en su caso, restaba importancia a la fortuna exterior. Y ese, por supuesto, no suele ser precisamente el caso más frecuente en situaciones de pobreza. Lo mismo sucede con Samuel Johnson y san Francisco. En ambos casos, la capacidad de sobrellevar la pobreza dependía de un recurso interno totalmente diferente, una dignidad que no podía ser mancillada por el dinero.

Los tres hombres de los que hemos hablado eligieron una vida frugal, pese a que tuvieron la opción de conseguir mucho dinero. Disfrutaron de una posibilidad de la que mucha gente carece. Tuvieron una experiencia física de la pobreza, pero su experiencia mental era muy distinta.

No se trata, pues, de pensar que la carencia de bienes sea algo bueno. Los ejemplos anteriores son de personas muy poco frecuentes. La idea que nos sugieren es que la gente se preocupa menos por el dinero cuanto más se centra en otra cosa. Personalmente, yo quiero aprender un poco esta lección, y ver qué nos dice sobre la relación con el dinero. Pero se trata de una lección que nos lleva al centro mismo de las preocupaciones económicas y a la cuestión de qué hacer con ellas, una lección que enlaza con todo lo que hemos estado diciendo en este libro.

3. La relación íntima con el dinero

Como decía al principio del libro, las *preocupaciones* económicas no son como los *problemas* económicos. Las primeras apelan a la imaginación y las emociones, a la forma en que nos comparamos con los demás, a los peligros (y los beneficios ocasionales) de la envidia, a cómo entendemos nuestras necesidades, a lo que nos importa y por qué nos importa, al modo en el que manejamos los planes inmediatos y los que son a largo plazo.

Pensar en los problemas de los ricos y en las virtudes (ideales) de la pobreza nos permite ver algo crucial en las relaciones con el dinero.

La calidad de una relación depende de lo que tú aportas y de lo que la otra parte (en este caso, el dinero) aporta. Es posible tener una gran relación con algo que aparentemente no era muy prometedor (la pobreza) si tú aportas una enorme gama de recursos. Y si lo que tú aportas es muy poco, no importa cuánto prometa la otra parte (riqueza), porque no obtendrás nada bueno de esa relación.

La calidad de la relación no es una cuestión de intensidad. En la novela *Papá Goriot*, de Balzac, hay una descripción fabulosa de un hombre viejo toqueteando un pequeño montón de oro.

Acaricia con suavidad las monedas, se regodea con ellas. Es casi un encuentro erótico. Pero se trata de una relación nefasta. En realidad, el viejo está desarrollando solo una parte muy pequeña de sí mismo: su ansia de posesión. Es una sensación totalmente absorbente, que expulsa prácticamente todo lo que debería formar parte de ella: autoconocimiento, sabiduría, generosidad, bondad, ganas de vivir y de tener nuevas experiencias.

O pensemos otra vez en Cincinnato, que pudo haber tenido la riqueza de Roma en sus manos y en cambio eligió cultivar sus tierras. No porque estuviera negándose a sí mismo la posibilidad de ser rico, o porque pensase que iba a ser alabado, sino porque para él esa era la opción más agradable. Puede que nosotros, a diferencia de él, no tengamos la opción de elegir entre ambas cosas, pero también es posible hallar cierto placer en las cuestiones sencillas, una vez que dejemos de lamentar el hecho de que no sean más espléndidas. Cincinnato pudo poner lo mejor de sí mismo en su dedicación a la agricultura.

Los *problemas* económicos solo tienen que ver con el dinero, no con la relación que mantenemos con este. Si me enfrento a un gran número de deudas y facturas y no tengo dinero, me hallo en un verdadero problema. Y no importa lo interesante o madura que sea mi visión de la vida, o lo imaginativo que yo sea, o el buen gusto que pueda tener; ninguna de esas buenas cualidades me ayudará a resolver el problema. Tengo que o bien conseguir más dinero o bien reorganizarme, o bien quedarme en quiebra.

El ideal civilizado: elegancia y devoción al trabajo. Johann Joseph Schmeller, *Goethe en su estudio dictando a su secretario John,* 1831.

Nuestras *preocupaciones* económicas son, casi en su totalidad, sobre la relación. La mayoría de ellas tienen que ver con lo que ocurre en nuestra mente. Y la solución (la forma de preocuparnos menos por el dinero) resulta ser la mejora de lo que nosotros, como individuos, podemos aportar a la relación. Necesitamos echar un vistazo a nuestra contribución a esa relación. Necesitamos volvernos más imaginativos, más pacientes, más atentos a las enseñanzas de nuestra propia experiencia, más serios acerca de las cosas que más nos importan, más astutos, más independientes a la hora de realizar un juicio. Y, más importante que todo eso, tenemos que descifrar lo que necesitamos en realidad.

Sé que a primera vista esto parece extraño. Seguramente, pensamos, preocuparse menos por el dinero se consigue al obtener más dinero o al salir adelante teniendo menos de lo que nos gustaría. Pero por muy evidente que esto nos parezca, no puede ser la solución correcta. Nuestra relación con el dinero solo tiene que ver de forma marginal con el dinero; guarda relación, principalmente, con otras cosas. Y, por tanto, debemos realizar un sorprendente pero vital salto de comprensión. Hemos de mirar en nuestro propio interior y pensar qué significa el dinero para nosotros.

Para mí, el ejemplo ideal del rechazo a preocuparse en exceso por el dinero es Johann Wolfgang von Goethe. A través de sus muchos escritos sobre sus propias experiencias, sabemos que estaba decidido a cobrar bien por su trabajo. Procedía de un entorno adinerado, pero buscó la independencia. Cambió de empleo, de abogado a asistente del gobierno, para poder ganar más (un cambio que en su época tenía sentido, aunque en la actualidad la trayectoria podría ser en la dirección opuesta). Hizo frente a muchas adversidades. Su primera novela alcanzó un gran éxito, pero no obtuvo ningún dinero de ella por culpa de unas inadecuadas leyes de derechos de autor. Más tarde, negoció contratos más favorables. Era muy competente en asuntos financieros y guardaba registros meticulosos de sus gastos e ingresos. Le gustaba lo que el dinero podía comprar, incluyendo, como vemos en la imagen, un elegante batín (su estudio carecía de calefacción). A excepción de esto, el dinero y las preocupaciones económicas no dominaban su vida. Escribió con asombrosa sensibilidad sobre el amor y la belleza. Cuando se trataba de dinero, era completamente realista y pragmático, pero eso no lo llevó a descuidar el valor de explorar otros conceptos de la vida con mayor relevancia.

Resulta útil que tengamos esta figura en mente, porque mantenía una excelente relación con el dinero. Logró mantener el equilibrio adecuado entre el interés por ganar dinero y la dedicación a otras cuestiones que eran realmente importantes para él.

Por supuesto, como todos los héroes, también está complacientemente lejos; lo bastante lejos histórica, geográfica e ideológicamente como para que podamos apreciar sus logros con más claridad. Y con ello nos ofrece un objetivo claro al que dirigirnos.

Deberes

Me he inspirado en muchas fuentes para pensar sobre el dinero, algunas de ellas un poco sorprendentes a primera vista. Recomendaría cualquiera de los libros que se citan a continuación. Y no solo por lo que dicen sobre el dinero.

I. Introducción

Mi idea de preocupaciones —en oposición a problemas— se inspiró en una charla radiofónica de Adam Phillips. Hablaba con conocimiento de causa sobre lo que hacemos cuando nos preocupamos, utilizando el ejemplo del perro «preocupado» por un hueso.

II. Pensar en el dinero

1. *¿En qué consisten realmente las preocupaciones económicas?*

La tradición filosófica occidental empieza con Sócrates, que hace que la gente se plantee preguntas donde tradicionalmente nadie había pensado que hubiera ninguna pregunta que plantearse. Cogió cosas que admiraban sus compatriotas, como el valor, y les hizo que se preguntaran en serio: «Pero ¿a qué me refiero cuando hablo de "valor"?» El mejor ejemplo de este enfoque es la *República* de Platón, en la que Sócrates se enzarza en un debate sobre la pregunta «¿qué es la justicia?». Sócrates es el gran defensor de la idea de que solo progresamos en el pensamiento cuando nos centramos en plantear las preguntas correctas.

2. Una buena relación con el dinero

Mi aproximación general a las relaciones se inspira en Donald Winnicott. Su punto de vista es que básicamente somos criaturas creadoras de relaciones, y que nuestra relación con las ideas y objetos, incluido el dinero, resulta tener mucho en común con nuestra relación más familiar con la gente. Así pues, se puede hablar de un niño que «se hace amigo» de las matemáticas y ver el papel de un profesor de matemáticas como (idealmente) el facilitador de tal amistad. *Playing and Reality* [*Realidad y juego*, Gedisa, Barcelona, 1982] es una buena introducción a su obra.

III. El significado secreto del dinero

1. Cuando el dinero no es dinero

La cuestión de qué representa el dinero para cada persona se explora perfectamente en *The Forsyte Saga* [*La saga de los Forsyte*, 2 vol., Aguilar, Madrid, 2004], escrita por John Galsworthy y maravillosamente adaptada para televisión en 1967. Para el protagonista, Soames Forsyte, el dinero significa bondad y atractivo. Hace tiempo que está ciego a los problemas cada vez mayores de su primer matrimonio, porque para él resulta inconcebible que su mujer pueda sentirse infeliz con él, dado el dineral que gana. No es que piense que codicia más dinero. Sabe que ella quiere amor. Pero cree que realmente le está dando amor cuando le da dinero, porque en su imaginación el dinero y el amor son lo mismo.

Dickens también es muy bueno en este tema. En *Casa desolada* el dinero se confunde con la justicia y en *La pequeña Dorrit* con la dignidad –en ambos casos con desastrosas consecuencias.

2. Cómo desnudar la verdad

El proceso de analizar las actitudes inconscientes de la persona respecto al dinero deriva en cierto modo de Freud, que sostiene que inconscientemente relacionamos cosas que, en realidad, están bastante separadas, perjudicando así nuestra capacidad de comportarnos apropiadamente. Un buen libro para empezar con Freud es su *Introducción al psicoanálisis* [Alianza, Madrid, 2011].

3. ¿Qué es el dinero?

Hay una argumentación muy leíble de la definición del dinero en el primer capítulo de *The Ascent of Money* [*El triunfo del dinero*, Debate, Barcelona, 2009], de Niall Ferguson.

IV. El dinero y la buena vida

1. El dinero como ingrediente

Una introducción estimulante e inteligente a la economía de Aristóteles es *The Political Thought of Plato and Aristotle*, de sir Ernest Barker, publicado por primera vez en 1906. Explica la idea de Aristóteles de que el dinero solo es un recurso que se puede utilizar bien o mal. Pero el dinero en sí mismo no nos dice nada acerca de cómo debemos utilizarlo, no más que un montón de ladrillos nos enseña cómo construir una bonita casa.

Dickens, nuevamente, es un exponente brillante de la consideración del dinero como «un ingrediente». Algunos de sus personajes más nobles, como el señor Brownlow de *Oliver Twist*, están tan forrados como algunos de sus personajes más malvados, como el señor Gradgrind de *Tiempos difíciles*. No es el dinero en sí el que marca la diferencia.

2. La teoría de Jane Austen sobre el matrimonio

Sentido y sensibilidad de Jane Austen es una maravillosa historia de amor, por supuesto; al mismo tiempo es un cuidadoso intento de distinguir entre la prudencia financiera y la autocomplacencia. De hecho, todas sus novelas tienen una doble temática económica. Por una parte, tener suficiente dinero se toma muy seriamente como una condición necesaria de matrimonio feliz y bien el protagonista masculino o bien la protagonista femenina tienen que enfrentarse a este problema. En *Persuasión*, por ejemplo, el capitán Wentworth tiene que ganar suficiente dinero ante la inminencia de la guerra para poder reunirse con Anne, su auténtico amor. Por otra parte, a Jane Austen siempre le gusta mostrarnos a gente que tiene dinero abundante y sin embargo fracasa en la vida, como los Crawford de *Mansfield Park*.

3. La envidia como educación

Una afirmación clásica de cómo deberíamos utilizar la envidia para educarnos se puede encontrar en el último capítulo del libro de Alain de Botton *The Consolations of Philosophy* [*Las consolaciones de la filosofía*, Taurus, Madrid, 2003].

V. Creando un orden

1. Necesidad y deseo

Sobre la jerarquía de las necesidades, las afirmaciones clásicas proceden del artículo de 1943 de Maslow «Una teoría de la motivación humana».

2. ¿Cuánto dinero necesito?

Encontramos un ingenioso análisis de cuánto dinero necesita una pareja para vivir en la clásica comedia televisiva *The Good Life*, cuya primera serie salió en 1975.

3. Precio y valor

La obra de 1871 extrañamente titulada *Muneris Pulvera*, del crítico de arte John Ruskin, empieza con un magnífico intento de volver a relacionar precio y valor. A pesar de haber sido escrita hace tanto tiempo, sigue siendo la exposición más clara y ambiciosa sobre la necesidad de una economía basada en el valor. Ruskin sostiene que el dinero es «la posesión potencial de cosas buenas». La posesión en sí de cosas auténticamente buenas constituye riqueza. Pero, lamentablemente, el dinero también permite la posesión de cosas dañinas o inútiles, un estado que él denomina *illth*. Afirma que el precio de un producto debería venir determinado por la cantidad de esfuerzo mental o manual necesario para hacerlo, más que por el nivel de la demanda.

4. Ansia y miedo

Recomiendo el clásico de Virgilio *Las geórgicas*.

VI. Cómo hacer dinero y al mismo tiempo ser una buena persona

1. Tener y hacer

Me ha influido mucho la argumentación de Alain de Botton en *The Pleasures and Sorrows of Work* [*Miserias y esplendores del trabajo*, Lumen, Barcelona, 2011] según la cual el capitalismo todavía no ha satisfecho nuestras necesidades más elevadas, pero podría y debería satisfacerlas. El último capítulo de su libro *The*

Architecture of Happiness [*La arquitectura de la felicidad,* Lumen, Barcelona, 2008] examina la tentadora relación entre dinero, gusto y belleza.

Balzac explica de un modo emocionante y con detalle cómo vender el alma en *Las ilusiones perdidas* (aunque paciencia, la primera parte de la novela es mucho menos emocionante que la segunda) y su secuela, *Esplendores y miserias de las cortesanas.*

2. Lo que Rex entendió mal y otras lecciones

La adaptación para televisión de 1981 de *Retorno a Brideshead* visualiza de un modo brillante la escena del restaurante. Para información acerca de la Fundación Landmark, visitad *www. landmarktrust.org.uk.*

VII. Mi lugar en el panorama general

1. Los problemas de los ricos

The Rise of the Nouveaux Riches, del historiador de la arquitectura J. Mordaunt-Crook, es un estudio fascinante del conflicto entre la riqueza y el estatus en Gran Bretaña durante la segunda mitad del siglo XIX. Narra la negativa inicial de la élite aristocrática existente de mezclarse socialmente con quienes habían ganado recientemente grandes fortunas y de la gradual absorción de los nuevos ricos en el orden existente.

Los deberes que recaen sobre los ricos son explorados en la obra de Benjamin Disraeli de 1845 *Sybil* [*Sybil o las dos naciones*, Debate, Barcelona, 2002]. Con «las dos naciones» Disraeli se refiere a pobres y a ricos. Disraeli no defendía la igualdad; creía que los ricos tenían que justificar sus ventajas materiales proporcionando un auténtico liderazgo moral a toda la sociedad, y es muy severo en su condena cuando no logran estar a la altura de su nobleza. *Sybil* es la obra más notable que haya escrito jamás un primer ministro británico.

En *The Life You Can Save*, Peter Singer sostiene incisivamente que tenemos una enorme responsabilidad moral respecto a toda la gente necesitada. Está pensado para provocar un sentimiento masivo de culpa en las conciencias de los ricos.

2. Las virtudes de la pobreza

Espejo de perfección es una recopilación de relatos del siglo XIV que narran sucesos de la vida de san Francisco de Asís. Nos lleva a creer que la pobreza voluntaria es el estado humano ideal.

3. La relación íntima con el dinero

Balzac describe el placer de un avaro al contemplar sus riquezas en *Papa Goriot*.

En su mejor novela, *Los años de aprendizaje de Wilhelm Meister*,
Goethe sigue la evolución de la actitud de Wilhelm respecto al
dinero. Al principio, Wilhelm desprecia el comercio, pero más
adelante pasa a tener un respeto muy saludable por el dinero
como ingrediente necesario para que pasen cosas buenas en el
mundo. Finalmente se implica con un poderoso grupo de re-
formistas sociales que pretenden cambiar el mundo mediante
una buena gestión comercial. Aunque escrito muy a finales del
siglo XVIII, los temas subyacentes tienen especial relevancia
hoy día. En la sexta parte de mi libro *Love, Life, Goethe* trato estos
temas con mayor detalle.

Agradecimientos por las ilustraciones

El autor y el editor quieren dar las gracias por permitir reproducir las imágenes utilizadas en este libro a:

Páginas 15, 21, 114 reproducidas por cortesía de Julian Scheffer.
Página 20 *Aparición de la luna sobre el mar*, 1822, de Caspar David Friedrich (1774-1840) © Nationalgalerie, Berlín / Biblioteca de Arte Bridgeman.
Página 77 *The Well Walk* © Roberto Herrett / Alamy.
Páginas 106-107 *Los hermanos del artista, c.* 1830, de Wilhelm Ferdinand Bendz (1804-1832) © Den Hirschsprungske Samling / akg-images.
Página 133 *Tienda de antigüedades* © Wildscape / Alamy.
Página 138 *Royal Crescent* © David Lyons / Alamy.
Páginas 152-153 El comedor azul y plata de Belgrave Square 5, Londres, diseñado por Stephane Boudin. Fotografía © A.E. Henson / Country Life Picture Library.
Páginas 154-155 *Mentmore Towers* © Robert Stainforth / Alamy.
Página 158 *Radcliffe Camera* © naglestock.com / Alamy.
Página 169 *Goethe en su estudio dictando a su secretario John*, 1831, de Johann Joseph Schmeller (1796-1841) © Stiftung Weimarer Klassik / akg-images.

Las ilustraciones y diagramas de las páginas 13, 56, 61, 65, 126 y 127 © Joana Niemeyer 2011.

Todas las demás imágenes cedidas por cortesía de sus autores.

Notas

Si te ha gustado este libro y quieres leer más sobre los grandes temas de la vida, puedes encontrar información sobre la serie, comprar libros y acceder a contenidos exclusivos en *www.pan macmillan.com/theschooloflife*.

Si quieres explorar ideas para la vida cotidiana, THE SCHOOL OF LIFE ofrece un programa regular de clases, fines de semana, sermones seculares y acontecimientos en Londres y otras ciudades alrededor del mundo. Echa un vistazo a nuestra tienda y visita *www.theschooloflife.com*.

Cómo Prosperar en la Era Digital
Tom Chatfield

Cómo Pensar Más en el Sexo
Alain de Botton

Cómo Cambiar el Mundo
John-Paul Flintoff

Cómo Preocuparse Menos por el Dinero
John Armstrong

Cómo Estar Mentalmente Equilibrado
Philippa Perry

Cómo Encontrar un Trabajo Satisfactorio
Roman Krznaric